新时代 校长治校的朴素情怀
新学校 文化立校的全景呈现

文化立校行与思

蒯红良 著

苏州大学出版社
Soochow University Press

图书在版编目（CIP）数据

文化立校行与思 / 蒯红良著. -- 苏州：苏州大学出版社，2022.4
ISBN 978-7-5672-3767-4

Ⅰ.①文…Ⅱ.①蒯…Ⅲ.①小学-校园文化-建设-研究Ⅳ.①G627

中国版本图书馆CIP数据核字(2022)第056068号

书　　名：	文化立校行与思
著　　者：	蒯红良
责任编辑：	金莉莉
封面设计：	刘　俊
出版发行：	苏州大学出版社（Soochow University Press）
社　　址：	苏州市十梓街1号　　邮编：215006
印　　装：	苏州工业园区美柯乐制版印务有限责任公司
网　　址：	www.sudapress.com
邮　　箱：	sdcbs@suda.edu.cn
邮购热线：	0512-67480030
销售热线：	0512-67481020
开　　本：	787mm×1092mm　1/16　印张：16.75　字数：300千
版　　次：	2022年4月第1版
印　　次：	2022年4月第1次印刷
书　　号：	ISBN 978-7-5672-3767-4
定　　价：	58.00元

凡购本社图书发现印装错误，请与本社联系调换。服务热线：0512-67481020

序

在蒯红良校长的新作《文化立校行与思》即将面世之际，受邀为序，自然需要细细品读。

阅读第一遍后，我的真实感受是，整本书中处处都是一颗颗散落的珍珠，一位有思想、有情怀、能实干、能创新的校长，用叙事记载的方式，记录了一学年工作的点点滴滴。

阅读第二遍后，我似乎看到了这些珍珠串成的一条条绚丽夺目的项链，蒯校长从学校文化的打造、育人理念的创生、师资队伍的培养、办学品质的提升这四个方面，用一位校长的智慧，依托团队的力量，借助具有共同教育理想和教育追求的师生、员工、家庭及社会各界的力量，已然打造出以震川先生思想为根基、以"追光文化"为核心指向的学校文化样态。

阅读第三遍后，我特别想谈谈从书中所体悟到的关于学校的文化建设。教育的特殊性决定了学校文化的打造，更多的是在传承基础上的发展与创新，同时我们需要更多地关注文化的提炼，更多地关注学校文化对师生成长的影响力及对社会文化的影响力。文化是一个很难说清楚的概念，正因为如此，学校往往有建设规划、教育教学发展规划、教师培养规划，但很少有文化发展规划，短效性、附着性、碎片化、无序化就成为必然。而我在蒯校长的书中恰恰看到了学校文化的中长期规划及文化发展脉络。

校长是一所学校的灵魂，而学校文化则是校长意志得到学校师生高度认同并有效融合后的产物，当每一个人与学校的主流文化建立关系的时候，文化就产生了约束力，就可以解决许多制度无法解决的问题，这也正是李希贵校长提出的"文化股份制"概念——把分散在每个人大脑中的价值观集中起来。昆山开发区震川小学（以下简称"震川小学"）是一所名副其实的新校，学校的发展一定是需要通过文化共建来实现顶层设计与高位引领的，并以此为抓手来突显品牌特色。

首先，文化的建设必须以基本的硬件设施为保障。震川六景，即也是庭、开甫廊、菊窗轩、震川园、震川藏书楼、归有光纪念馆，景景相印，文脉相续，可见蒯校长对学校建设之用心。

其次，文化的打造必须以强烈的生命意识为引领。蒯校长与老师们分享关于工作的"三问"，意在探讨动机问题、目标问题和行动问题，意在解答培养什么样的学生、用什么方式培养学生的问题，其中蕴含着强烈的生命意识和生长意识，铸就了学校文化的高度与深度。

最后，文化的内化必须以高度的家校认同为追求。"是学校，也是图书馆"，这是蒯校长办学的矢志追求；"读书，读书，再读书"，这是学校对教育未来希望的呼唤；"故事妈妈进课堂""把图书馆搬回家"，这是学校实现家校共育的积极探索和有效实践。用校风改变家风，用家风改变民风，成为震川小学的文化积淀与传承的自然产物。

蒯校长对震川小学校本文化的打造，毫无疑问是成功的，更是值得借鉴与推广的。对于我们的学校而言，文化的构建、发展与优化，尤其是"人"的文化，还需要关注几个问题：一是要深挖底蕴，与时俱进，创设积极的生态，而优化甄选，去除隐性顽瘴痼疾是关键；二是要积极引导，正向激励，培育阳光的师生，而善于沟通，增进互助、互信、互进是手段；三是要多元融合，彰显特色，打造独特的品牌，而求同存异、实现核心理念融合是目标。

做教育是辛苦的，更是快乐的，只有保有烈火般的热情和钢铁般的意志，才能成就我们的事业。机遇不过是"历史环境"造就的"历史机会"，而挑战是"历史环境"催生的"现实问题"。作为教育人，希望有更多像蒯校长一样的教育管理者，用自己的教育自信和文化自信，坚守教育初心，在自己的"追光"之路上，优雅、快乐，追贤而行！

2022年1月27日

王阳：

昆山市教育局副局长，第八届江苏省人民政府督学，苏州市人民政府督学，教育硕士。曾任昆山市教育局教研室副主任、昆山经济技术开发区高级中学校长、昆山震川高级中学校长。

目录 CONTENTS

2020年

8月

新学年开始啦！ ... 002
第三年，震川小学怎么发展？ ... 003

9月

安全至上 ... 014
开局工作的重要性 ... 016
教师节快乐 ... 017
也是庭 ... 019
融媒体中心成立啦！ ... 021
新入校教师谈话 ... 022
绿色学校的启示 ... 024
新校服来了 ... 027
德育工作现场会有感 ... 029
校园里的美景 ... 031
新目标：特色名校 ... 033
争做"追光"好少年 ... 036
项脊轩读书会 ... 038

10月

陪孩子们用餐 ... 042
优美校园 ... 044
课题研究推进会 ... 045
新入校教师座谈会 ... 047
校长培训 ... 049
从"问题管理"到"方法管理" ... 051
这所学校的书香气！ ... 053
开甫廊 ... 055

广播操比赛 057

11月

第一届少先队大队委竞选 060
小事不小 062
菊窗轩 063
藏书楼来了新朋友 065
微信榜单 066
我们需要怎样的"光盘行动"？ 067
翰墨震川抒情怀，书法写意话传承 068
雪竹轩首批图书捐赠仪式上的讲话 070
成长 071
"项脊之光"，我们的党建品牌 073
班主任初体验 076

12月

食堂的新变化 080
震川园 082
我们为什么要努力工作？ 084
爱的教育 086
谈创建 088
我们为学校发展做什么？ 090
我的工作前5年 092
护眼操 096
"霸王级"寒潮 098
我们的2020 100

2021年

1月

"两全" ... 104
何来书香气？ ... 106
我们的根本工作是什么？ ... 108
学业素养为什么那么重要？ ... 110
提升质量有方法 ... 112
考核评优 ... 114
最爱震川藏书楼 ... 116
疫情防控不放松 ... 119
我为学校发展献一计 ... 120
教学基本功大赛 ... 122
归有光纪念馆落成记 ... 124
我们的震川 ... 126
找寻苏州的年味 ... 128

2月

努力全面实现"三年规划"工作目标 ... 132
牛年第一聘 ... 138
验菜 ... 140

3月

你好，3月 ... 142
谈谈"高品质" ... 144
假如我是孩子 ... 146
专家导师团成立啦！ ... 148
我们一起来运动 ... 151
如何面对不同的声音？ ... 152
阅读指导，我们在路上！ ... 154
春日寻芳何处去？ ... 156

春耕节 158
什么样的学校是一所好学校？ 160

4月

我爱《杏花书屋》 164
我们的校歌——《梦想之光》 166
我们需要什么样的体育？ 168
故事妈妈进课堂 170
我们该给孩子们留下些什么？ 172
派遣制教师 174
校园摄影 176
首届校园读书节开幕啦！ 178
谈教育的均衡 180
读行会 182

5月

震川的德育 186
假如是我的孩子 188
读书，读书，再读书 190
什么样的老师是一个好老师？ 191
归有光纪念馆开馆啦！ 193
唤醒沉睡中的孩子 195
震川的美育 197
川上囤 199
我们都是后来人 201

6月

我们10岁啦！ 204

目录 CONTENTS

感谢 206
震川的智育 208
三维并举,助力教师专业成长 209
什么样的课是一堂好课? 215
把图书馆"搬"回家 217
期末考试 219
云程发轫,追光前行 221

7月
我在震川的这三年 232

附录
"追光震川"校园文化概述 238
是学校,也是图书馆
——基于"震川文化"的无边界阅读学校特色建设研究 246

跋
追光路上 252

2020年 8月

新学年开始啦！

（2020年8月28日）

2020年，我们度过了一个自学校创办以来最短的暑假，一眨眼，就开学了！

上半年，由于疫情影响，我们很多活动都不能正常开展。这一学年，正是震川小学发展规划"三步走"中关键的第三步"初具雏形"落实之际。如今，我们能否在这个学年里既补好第二年的亏缺，又全面做好本学年各项工作，对于能否实现"三步走"规划目标有着十分重要的意义。这是我们全体震川人都要重点思考的问题。

好在新学年我们的力量又壮大了。震川小学迎来了32位优秀教师。他们之中，有教学经验丰富的学科带头人，有正值壮年的优秀骨干，更多的是洋溢着青春朝气的优秀毕业生。大家的到来，给震川小学注入了源源不断的发展动力。

新学年，我们又迎来了新一批可爱的一年级学生，10个班，共计465名学生。看着他们一张张稚嫩的、可爱的笑脸，我们又怎么能不努力工作呢？

本学年，我们共有教职员工96人，3个年级学生共1573人。震川的校园里会发生什么有趣的故事呢？孩子们会有怎样的成长呢？我们的老师又会有什么收获呢？

…………

今天传来了好消息：震川小学顾琳、徐少骏、郭陆方圆3位老师在"苏州市中小学教师学科素养大赛"中获得了一等奖，还有4位老师获得了三等奖。"苏州市中小学教师学科素养大赛"是含金量很高的一个大赛，能获奖不易，获一等奖更不易！尤其是获3个一等奖，且语、数、英都不落下，更是难上加难！年轻的老师给了年轻的震川小学很大的惊喜。

这个开门红，必将开启震川小学新一学年的辉煌！

第三年，震川小学怎么发展？[1]

（2020年8月31日）

各位老师：

作为老师，每年的开学季都十分令人期待。

新入校的老师一定很好奇：震川小学会是一所怎样的学校？我能在学校里快乐地工作吗？其他老师也会想：今年我又会认识哪些新同事？我会和谁搭班？哪些孩子会成为我的学生？我们之间会有怎样有趣的故事发生？……

就让我们带着这些美好的念想，开始新的学年。

一、三年规划

总体目标：把震川小学办成一所具有震川精神浸润的高品质基础教育学校。

三年规划的第一年，定位发展；第二年，全面启动；第三年，初具雏形。

（一）第一年，定位发展

全校上下通过学习和讨论，形成对学校发展定位的共识，同时，在此过程中，逐步探索、实施相关课程，为后续发展奠定了坚实的认识基础和物质基础。

学年开学工作报告：《震川小学应是一所什么样的学校？》。

1. 第一学期

完成了学校发展的顶层设计；制定了学校的规章制度；确立了"追光文化"。

确立了校训和"三风"，确立了学校特色，确立了学校发展的总体思路。

2. 第二学期

以"追光文化"引领学校高起点发展。以"追光文化"打造特色校园。总设计理念是"是学校，也是图书馆"。要将教师发展作为"一号工程"加以推进。试点启动特色建设工作。全面完成十项工作，为学校发展奠定了坚实的认识基础和物质基础。

（二）第二年，全面启动

根据学校全面发展规划，在第一年铺垫的基础上，全面启动并实施各项学校发展工程。

学年开学工作报告：《我们应该怎样培养震川学子？》。

我们应该培养怎样的震川学子？——心正情真、笃学崇实、知行合一的现代小公民（品德、学习、兴趣、才艺等方面）。

理想中的震川学子：身心健康、品格高尚、热爱阅读、学习出众、兴趣广泛，

---

[1] 此文是笔者在2020—2021学年开学工作会议上所做的开学工作报告——《全面实施学校发展工程，着力创建具有震川精神浸润的高品质基础教育学校》。

同时又有艺术、体育才能，这是我们培养孩子的目标。

我们怎样在培养孩子的同时发展自己？——加强师德修养和业务能力的培养，实现可持续发展。

1. 第一学期

校园文化一期建设完成。"基于'震川文化'的无边界阅读支撑系统的构建研究"项目被确立为"十三五"省级立项重点自筹课题。

2. 第二学期

受疫情影响较大，有些工作停滞不前。

（三）第三年，初具雏形

希望通过3年的努力，使高品质的震川小学初具雏形，各条线工作有序高效，教师成长发展速度较快、层次较高；学生通过两三年的学习，学识与品行普遍有较大提升。震川精神逐渐融入校园，融入师生的日常，融入学生家庭。

二、本学年工作交流

本学年，我们把开学工作主题确定为"全面实施学校发展工程，着力创建具有震川精神浸润的高品质基础教育学校"。那么，我们的工作怎样开展？我们怎样来实现既定目标呢？接下来围绕本学年主要工作跟大家做一个交流。

（一）全面加强校园安全管理

1. 日常安全工作

（1）建立和完善学校安全工作制度。在"精、细、实"上狠下功夫，重点建立和完善学校场地、设备设施检查制度，食品、饮水卫生安全管理制度，消防安全管理制度，交通安全管理制度，门卫管理制度，值班制度，学生在上课期间出校门的请假登记制度，值日教师基本规范；实行上学和放学家长或监护人接送制度、安全责任追究制度等，加强突发事件应急预案体系的建设。

（2）开展宣传教育，夯实安全工作基础。充分利用学校微信、电子屏等宣传资源，广泛宣传，使安全工作人人皆知。珍爱生命，关注安全，做到安全工作与学校管理工作相结合、安全工作与教育教学工作相结合、安全工作与各项活动相结合、安全工作与家长教育相结合。全校上下形成"知安全，懂安全，守安全"的良好局面。（2020年上半年全市意外事件发生情况同比增长80%，而这些多半是由安全教育或心理问题引起的。）

（3）加强排查，做好场地、教学设施等安全管理。定期(每月一排查，每周一小查，节假日临时查)对教室、图书室、活动场地、食堂、厕所等进行排查；建立安全隐患排查整治台账。尤其对疏散通道、校门等安全通道严格检查，发现问题并及时解决。加强对重点部位（围栏、屋顶玻璃、屋顶花园栏杆等）、重点时段、重点事件的管理，做到人防、物防、技防到位。

2.疫情防控工作

学校进入常态化疫情防控阶段。

（1）认真做好疫情排查工作。及时关注并每日转发中高风险等级地区名单，通过多种形式对教职工、学生和家长进行疫情防护教育。加强家校联系，做好节假日前防疫提醒、离苏报备及返苏查验工作，确保校园疫情防控万无一失（尤其要把好校门，严禁无关人员入校）。

（2）严格执行日报告和零报告制度。做好每日晨午检工作，认真检查到校学生的身体状况，了解未到校学生的具体情况，及时填报每日晨午检表。实行追踪随访制度，每日对患病学生进行追踪电话随访，及时了解其诊治情况。

（3）严格执行因病缺课登记追踪及复课证明查验制度。每天对因病缺课学生人数进行统计与登记，做好因病缺课学生的联系工作，密切关注其健康状况。学生病愈且隔离期满时，由相关医院开具复课证明，学生持复课证明到校，由校医复查后进班复课。

（二）全面完成校园文化建设

1.党建文化

加强阵地建设，激发党建工作活力。加快"项脊之光"党群服务点建设，争取年内启用。举行"项脊之光"党群服务点启用仪式，充分发挥阵地作用，凝聚党员力量，提高服务能力，努力开创学校党建工作新局面。加强品牌建设，不断深化"项脊之光"党建品牌内涵，力争通过党建品牌的创建，统一思想，凝聚人心，增强党员干部的事业心、责任感，激发工作激情，以党员干部引领整个教师队伍，开创震川小学教育工作新局面，着力建设一流班子、打造一流队伍。

全校原有党员14人，转出2人，新进6人，现有党员18人，另有2名入党积极分子，当时教职工总数为96人，因此党员与入党积极分子合计约占总人数的21%。

2.震川六景

静态的教育环境虽然不是学校教育的主体，但它在学校教育过程中的作用是其他教育内容所不能取代的。寓育人之道于环境建设之中，力求使校园环境体现办学特色，是我们一以贯之的追求。为此，结合前期硬件建设，我们将着力打造震川六景，即一楼（震川藏书楼）、一廊（开甫廊）、一轩（菊窗轩）、一庭（校园中庭——也是庭)、一馆（归有光纪念馆）、一园（楼顶花园——震川园，占地2600平方米）。努力赋予校园里的一草一物以鲜活的思想，充分发挥环境育人的作用。

3. 标识系统

学校视觉识别系统，是校园文化建设系统的重要组成部分，它将学校的办学理念、文化特色、制度规范等抽象语意转换为具体符号，塑造出独特的学校形象，并将其传达给学校内部和外部人群，从而实现良性认同和沟通。本学期，针对学校的独特内涵，我们拟从震川小学、震川书院两方面来设计和打造，具体包括校徽、校歌、校旗、校服、书包、路牌、楼层牌、指示牌、宣传栏等，将学校个性、特色广泛地传达给外界，从而提升学校的形象和知名度。

（三）全面推进课题研究进程

1. 学校主课题研究

扎实做好学校主课题"基于'震川文化'的无边界阅读支撑系统的构建研究"，完成学生问卷调查研究报告、归有光诗文选编。重点做好学生推荐必读书目（24本）的导读、活动及评价等工作，出台具体样式，撰写导读文稿。在班级内组织共读，在听课、研讨交流的基础上，形成精品课案，并汇编成册。对这24本书，报告对应出台阅读评价测评体系。真正做到教研、科研的有机整合，促进课题研究在课堂教学的落实，着力提升学校主课题研究的含金量。

2. 课题研究小组活动

进一步完善学校课题研究实施方案，对二级子课题进行更加科学、合理的划分。成立课题研究小组，分组制订研究计划，确立研究目标，分解研究任务。课题组成员进行具体分工，要求每位成员每学期上一堂课题研讨课，写一份教学案例分析报告、一部教育叙事作品、一篇教育科研论文。定期开展课题研讨活动，活动包括现场听课、分组评议、集中交流、课题汇报、资料展示等。通过课题研究小组，把课题研究不断引向深入。

3. 教师个人微型课题研究

教师个人微型课题研究是指教师为解决教育教学中一个具体的、较为微观的现实问题而开展的研究活动。研究的着眼点主要在于教育教学细节，研究内容是教育教学实践中碰到的真问题、实问题、小问题。2020年，震川小学有4位老师的微型课题被立项为昆山市规划课题，希望这4位老师做好个人课题的研究工作，落实好2021年6月份的结题活动。另外，我们还有28项与学科教学有关的个人课题、38项与学校主题有关的个人课题。本学期，教科室将对这些课题进行进一步统筹规划和指导，也希望相关老师加强理论学习与课堂实践，以课题研究引领自身专业发展，最终成长为一名科研型的老师。2020年刚进校的新老师，也必须尽快确立自己的研究方向，积极申报个人微型课题。

（四）全面提升教育教学质量

1. 教师方面

（1）加强教学常规管理。延续上学年"教学六认真"工作的重点，一手抓教师备课、上课，一手抓学生作业质量，做到常抓不懈，两手都要抓，两手都要硬。开学初，对教师的备课、上课、作业批改，再做细致要求，并在今后的工作中加强检查与指导，采取集中检查与抽查相结合、定期检查与不定期抽查相结合、全面检查与单项抽查相结合、全员检查与个别抽查相结合的方式，检查一次总结一次，并将检查结果纳入教师工作考评之中。对教师上课状况采取随堂听课和走廊巡视的方式进行检查，及时了解教师的教学状况。

（2）强化质量意识，加大培优补差力度。结合上学期学生学习状况，跟踪分析，对薄弱环节跟踪调查并指导。语文，结合学校主课题研究，在师生共读、共赏上下功夫。数学，加大培优补差力度，拟通过一周一次的质量检查，全面跟踪教师教、学生学的质量。英语，结合昆山市教师发展中心"整班英文书写比赛"，强化学生英语书写、听读良好习惯的养成。任课教师对学有困难的学生要建立好转差跟踪档案，制订有针对性的辅导计划，做好学困生的转化工作（提升质量的重要途径）。同时，做好特长生的指导工作，用心引导，让更多有才华的学生将自己的才能展现出来。

（3）继续深入开展有效课堂教学的研究。通过研讨课、论文撰写、校本教研等多种形式的研讨，提高教师的执教潜力。每位教师落实校级展示课的资料，认真计划，做好安排，结合个人教学特点，开展有效的课堂教学尝试。每位教师要充分认识到听课是一次有效的学习机会，在听课过程中要认真记录，用心思考，提出有建设性的意见，在整个过程中提升个人对课程的理解。提倡跨教研组、跨学科听课，促进学科之间的整合。

（4）加大力度做好青年教师培养工作。加强青年教师的培养力度，强化学科带头人、教学能手、教坛新秀争创意识。继续开展青年教师教学基本功、课堂大比武活动，使青年教师在教育、教学、科研、班级管理等方面的水平有显著提高。发挥骨干教师的作用，使青年教师尽快成长为学校教学第一线的骨干。根据昆山市教师发展中心的统一规划，本学期重点参加好两项大赛——百节优秀课评比、命题能力比赛，争取取得突破性成绩。同时，加大班主任培养力度。本学期拟开展"共读一本书"活动，以年级组为单位开展班主任经验交流会，帮助更多青年教师快速成长。

青年教师在苏州市中小学教师学科素养大赛中共荣获3个一等奖、4个三等奖，成绩十分突出。

青年教师是学校的未来，希望震川小学的青年教师能在众多学校中脱颖而出，那么震川小学也就会在众多学校中脱颖而出。

2. 学生方面

（1）加强学生常规教育。树立"简单事，天天做"的教育理念，本学期继续围绕《震川小学学生一日常规要求》（以下简称《一日常规要求》）进行常规教育，并开展"礼仪、卫生、两操、用餐、上下学"五项常规评比。学期初为"行为规范训练周"。开学第一个月为全校"行为规范训练月"。以《一日常规要求》为抓手，加强学生常规训练，分三步走——熟读常规、现场训练、小结反思。同时，用好晓黑板APP的考核功能，负责检查的老师公平、公正地进行评分，及时向班主任反馈考核情况。每周二集体广播公布上周获"流动红旗"的班级。

（2）丰富学生校园生活。坚持每一天的大课间活动，合理安排学习、活动时间，不加重学生课余负担。严格搞好保学控辍工作，搞好学籍管理。及时建立学生学籍档案，按规定办理学生的转学手续。保证学生流失率为0，巩固率100%。组织好学生系列活动，如朗读、班班诵、写字、口算、手工制作比赛等，展示学生风采，丰富学生的校园生活。每学科原则上每学期不少于1次活动。成立大队部，部分负责人竞聘上岗。

（3）凸显德育特色工作。生活指导是德育处的特色工作，我们将继续通过自编的特色教材《生活指导用书》，有系统、有计划地培养学生自我管理和生活实践能力。通过两年的研究与实践，班主任对生活指导课的开展有了一定的经验，学生们也掌握了一定的生活自理技能。本学期将举办"生活自理"比赛，分3个年级、3个专场，以转播的形式开展。通过比赛的形式促进学生对生活技能的学习和运用。

（4）做好心理辅导室的创建工作。充分发挥学校心理小组的力量，积极开展心理课的研究，关注学生心理发展。通过班主任的反馈，掌握特殊学生的基本情况，并传授班主任一些基本的心理知识和辅导方法。本学期已申报心理辅导室的创建工作，心理小组要切实地用好心理辅导室，安排好心理老师的值班表，做好日常的心理辅导工作。策划好心理活动月的内容，组织班主任带领学生参加心理活动。落实每单周二的心理课程，建立家校、生生、师生互动交流平台，引导老师、学生都拥有自信、向上、进取、健康的精神状态。

（五）全面促进学校特色形成

学校成立特色建设领导小组，系统、深入地推进学校特色建设。

1. "静"的方面

阅读特色与学校课题研究深度融合。其中，阅读特色是学校课题研究的一部分。

（1）学生阅读。组织开展学生各类阅读展示、交流、评比活动；继续落实午间阅读（图书馆开放）、"我的读书简史"记录等；加强儿童阅读在课堂教学中的实践，如整本书阅读、绘本阅读等阅读课的教学研究，搜集优秀课例，初步构建儿童阅读活动项目序列；开展儿童阅读档案袋评价；进行学生阅读（写作）的阶段成果总结。

（2）教师阅读。建立震川小学青年教师读书会，并制定章程，定期开展活动（《杏花书屋》可以作为会刊定期出版）；分年级做好儿童阅读图书推介工作；开展教师好书推介、共读一本书等书评撰写活动；继续做好教师朗读音频库的建设；开展"无边界阅读"课堂教学研讨活动；充分发挥好震川藏书楼、班级书柜、开甫廊开放空间等的无边界阅读环境的支撑作用。

（3）家庭阅读。继续做好亲子阅读各项活动的开展工作；推荐亲子阅读书目，引导家庭书柜的建立，营造良好的书香家庭氛围；开展儿童居家阅读情况调查；继续积极开展班级读书会的活动；搜集和整理家长对读书活动的感受、评价等；继续举办"故事妈妈进校园"活动；筹划编制《基于无边界阅读的家庭阅读指导20条》等。

2. "动"的方面

（1）细化措施，安全开展社团活动。鉴于疫情的影响，结合学校发展的实际，本学期主要以校级层面的社团为主。开学后进行遴选，初步组建学校乐团及运动类校队，认真组织日常训练。活动时间为学生放学后，运动类活动安排在室外（如遇雨雪天气则暂停活动）；乐团活动安排在室内，保障学生之间1米以上的活动间隔，并在活动前后对活动场地进行消毒。

（2）一团一策，有效组织社团活动。各社团要认真制订活动计划，做好活动准备，保证活动场地、设施、器械的安全性，防止意外发生。活动前后，要做好课桌凳、活动器具的摆放及清点工作，爱护学校公共财物。每次活动要做好活动记录，形成完整的过程性材料。

（3）定期抽查，多样式呈现社团活动成果。学校定期检查社团活动的开展情况，各社团可采用表演、展览、比赛等方式进行成果展示。各社团指导老师要积极组织学生参加各级各类竞赛活动，并争取获奖。对取得成绩的社团指导老师，根据学校教职工绩效考核方案进行奖励。

2021年十岁成长礼，希望能呈现一台质量较高的演出。

（六）全面做好后勤保障工作

1. 教技方面

（1）细化教技工作常规管理。本学期，要力争做好两个计算机云教室、多个普通教室及专用教室的相关筹建及预算工作。一些公用的电教设备，如议事轩、集智堂、三楼会议室及体育馆LED屏由专人负责管理，并做好使用记录。增强责任意识，加强设备的维护和检修工作，以确保设备的正常使用。

（2）成立震川小学新媒体中心。继续完善学校网站、共享资源库建设等工作，安排专人负责维护学校网站，加强使用管理，并做到及时更新。加强微信公众号的更新推送工作，努力使微信公众号成为展示学校各项工作、沟通师生、沟通家校、向社会传递校园信息和动态的一个亮丽窗口。

（3）加强图书馆日常管理工作。努力营造浓郁的读书氛围，图书管理员切实履行工作职责，努力提高图书馆管理水平。全面开放学校的图书室，对师生做到开放借阅，切实保证师生们的学习需要，用好图书借阅软件，实现电子化借阅。积极组织师生读书活动，营造浓郁的书香氛围，使震川藏书楼成为师生最向往的地方。

2. 总务方面

（1）树立为教学一线服务的思想。树立后勤为教学第一线服务的思想，进一步改进工作作风，遇事能做的，随时处理，不拖拉。健全总务人员的岗位责任制，从学校工作需要出发定岗、定责，使每一个人都明确自己的工作岗位和工作职责。坚持每日巡视，对学校环境、绿化、卫生、安全、校舍维修、设备使用等进行每日巡视，对发现的问题及时做好处理和反馈。此外，还成立了教代会，建立了母婴室等，更好地为教师队伍服务。

（2）加强常规管理。进一步完善购物、保管、维护、使用等财产保管制度，做到制度健全、职责分明，同时要抓好库存物品的管理，做到精打细算，少花钱、多办事。加大检查力度，随时排查各建筑物及管道等设施的安全和使用隐患。对学生进行爱护公物的教育，强化班级财产管理制度，力争把人为损耗降到最低。做好固定资产的管理，做到账账相符、账物相符，同时做到手续规范、票据齐全。

（3）加强对学校食堂的管理。食堂管理是总务处工作的一项重要内容，关系到每一位师生的利益，在管理上，我们要加强贯彻执行《中华人民共和国食品卫生法》和有关的管理规定，严格要求把好食品原材料进货渠道，以保证师生饮食的卫生安全，加强平时的卫生检查，打造干净、整洁的卫生环境，杜绝食物中毒事故的发生。加强对食堂的监督力度，合理搭配菜肴，提高师生用餐的营养，努力办成师生满意的食堂。

让震川小学的食堂成为昆山所有学校中最好的食堂之一。

各位老师，新的学期已经开始，让我们共同努力，全面实施学校发展工程，为着力创建具有震川精神浸润的高品质基础教育学校做出自己的贡献，在学校发展中成就自己，实现师校共同成长！

谢谢大家！

9月

安全至上

（2020年9月2日）

正式开学两天了。

9月1日，昆山市教育局卿胜局长亲自带队，纪检赵文娟组长、顾芳科长和陈平教研员一起来校检查、指导开学工作。卿局长是第一次来震川小学。检查组察看了校容校貌，巡查了开学情况，听取了学校校园文化、学校特色、开学准备、疫情防控、文明城市创建等方面的汇报，对学校内涵发展给予了肯定，对学校积极做好开学准备工作表示满意。卿局长对学校新学期工作提出了四点要求：一是疫情防控与教育教学并重；二是校园安全与教学质量同步；三是培养学生与成就教师并重；四是硬件建设与软件建设同步。

无独有偶，今天，昆山开发区校园安全宣讲活动在震川小学举行，昆山开发区管委会姚伟宏副主任做了专题宣讲。宣讲活动结束后，姚主任巡视了震川藏书楼、开甫廊、学校操场等各个区域，对学校发展规划、师资配备、校园安全、疫情防控、规范办学等工作进行了调研，对学校严格规范的科学管理、特色鲜明的校园文化、细致严谨的开学工作给予了肯定，并就如何切实做好学校开学保障工作，抓好校园安全等问题进行了指导。姚主任强调要坚持"以人为本，安全第一"的管理理念，把师生的安全教育、身心健康发展放在首位，对安全工作常抓不懈。

开学仅两天，昆山市教育局和昆山开发区都对学校开学工作进行了检查、指导，而且都将安全工作作为一项主要的检查内容。这既是上级部门对学校师生的关心，又说明安全工作是学校的基本工作。安全若出了问题，学校一切工作都将化为乌有。

因此，我们每一位教职员工都必须将安全工作作为基本工作来抓，要坚决杜绝任何大小责任事故的发生。如何来抓学校的安全工作？我想可以从以下三个方面入手：

第一，建立和完善各项制度，让安全工作有章可循。

安全工作要更科学、更有效，前提是必须按相关规定执行。我们要将各项安全规章制度细化为学校可操作的规范，让我们的工作有章可循。比如防疫工作，我们根据上级部门的指导意见建立符合学校实际的"两案九制"；又如食堂工作，我们按"五常法"进行分工落实，各司其职，确保食品安全；再如消防工作，我们根据消防部门规定，加强检查，引入第三方维保，确保消防设施、设备有效运行……

第二，加强安全隐患排查，让硬件设施安全可靠。

制度是安全工作实施的前提与保证，加强校园各类设施、设备的隐患排查就显得尤为重要。要将隐患排查工作日常化，做到月月查、周周查、天天查，确保排查工作无死角。只有为师生提供安全的教育教学活动的设施、设备，才能有效杜绝责任事故的发生。

第三，加强师生安全教育，让安全意识入心入脑。

安全意识教育是一项非常重要的杜绝安全事故的工作。哪怕我们制度健全、设施安全，但师生的安全意识教育不到位，仍有可能发生安全事故，如高处攀爬、楼梯推搡等，都可能引发事故。只有让孩子们知道什么是危险的、什么是不该做的，才能有效减少事故的发生。

孩子们还小，最高年级才三年级，所以我们必须对他们呵护有加。让我们一起加强校园安全管理，将各项安全防范制度和措施落到实处，全力推进平安校园建设，为师生创设一个安全、有序的震川校园。

开局工作的重要性

（2020年9月3日）

今天是开学的第三天，大家都很忙。学校迎来了新的一年级学生，又有新的同事加入，如何让孩子们早日适应学校生活？如何让大家在短时间内适应并胜任工作？这些问题都是学校亟待解决的问题。学校的各科室、各科老师也因此变得十分忙碌。有很多老师，下班了还在学校工作，一直忙到晚上6点甚至更晚，让人十分感动！

我原想过几天与大家交流，但是想到"一日之计在于晨，一年之计在于春"，还是忍不住写几句。

开学的第一周、第一个月对于一个学期，乃至一个学年来讲，都是十分重要的。开局工作抓得好，以后可以事半功倍；反之，如果开局不利，则以后一定是事倍功半。无论是教学工作还是德育规范，或者是食堂工作，抑或安全护导……均是如此。

所以，虽然忙，还是要提醒各科室主任，要抓好第一周，本科室工作的规范应该从第一天就开始抓，如果我们的工作拖半个月，可能以后会花半年的时间来完成。也要提醒我们的老师，尤其是我们的新老师，一定要从第一节课开始就让孩子们养成静心听讲的好习惯。一开始，不必太担心教学进度的完成，我们首先要关注的应该是学生的学习态度！

这两天，巡视校园的时候，发现了很多好的现象：我们的很多老师能认真地严格落实对学生上课的要求、排队的要求，反复训练，孩子们在短短的两天内精神状态已有了很大的改善，一个优秀的班集体雏形已经形成。试想，同样的重要开局阶段，如果别人在踏踏实实抓起步，而有的人却放任孩子们自习，那么可想而知，以后拉开差距的不仅仅是两个班孩子的差距，两个老师的差距也将由此而拉开！

现在才过了三天，如果只浪费了三天，从第四天开始应该是"亡羊补牢，为时未晚"；但如果浪费了第一周、第一个月，那恐怕再高的教学管理水平，也无力回天。当然，高水平的管理者，是一定不会放掉开局这个最佳时机的！

教师节快乐

（2020年9月10日）

2020年，是震川小学开办的第三年，也是我来震川度过的第三个教师节。

震川小学从第一年的36人，第二年增加到66人，再到2020年的96人，如今已是济济一堂，震川小学的教师队伍也越来越壮大。

一早，我们全体教职员工在也是庭拍了张全家福，这是我们庆祝教师节的传统项目。第一年，也是庭空空荡荡，我们是搬了凳子在校门外拍的。校名墙下，迎着旭日，家长们看着崭新的学校，也看着崭新的我们，一定猜想：这些人能不能把学校办好？能不能把孩子教好？第二年，我们趁着给一年级学生办入学礼的机会，在也是庭中布置了许愿墙，孩子们把入学的愿望都贴在了墙上，我们以墙为背景，心里装着孩子们满满的愿望，在这里合影留念。2020年，也是庭中竖起了"是学校，也是图书馆"几个大字，追光厅外的如震川学子般的5只飞鸟也披上了彩衣，我们的全家福里不仅有教师，还有孩子，更有我们的办学理想……

2020年，暑期中我们又上新了很多项目："智慧书法"教学系统上线、"项脊之光"党群服务点启用、"震川电视台"3D MASK系统启用，云机房正式运行……这些都为我们办好震川小学提供了强有力的保障。

下午，我们举办了主题为"秉持初心，心中有光"的庆祝第36个教师节的活动。

秉持初心——新教师入职宣誓。"我志愿做一名光荣的人民教师，我庄严宣誓：忠于党的教育事业，贯彻党的教育方针，履行教师的神圣职责，做有理想信念、有道德情操、有扎实学识、有仁爱之心的好教师……"新教师的铿锵誓言在耳畔回荡，正是有了新鲜血液的注入，才能为教育之高楼添砖加瓦。

薪火相传——师徒青蓝结对。青蓝同心，携手共进，师道传承，共创辉煌。青年教师是学校的未来和希望，正因为有了青蓝结对，新教师才能站稳讲台，在教育之路上大放光彩。

携手绽放——教师才艺展示。教师们的才艺表演很是精彩。徐童老师的独唱《长大后，我就成了你》，在歌声中我们听到了自己的心声；各年级组的朗诵《载着使命前行》《我是教师》《教师诵》时刻提醒着我们为人师的厚重责任；顾琳、陆毅等老师合唱《追光者》与学校的"追光文化"何其吻合；张欣婷、胡嘉仪等老师的合唱《我的祖国》既是向祖国献礼，也是向时代献礼；全场活动在《相亲相爱》的合唱中结束……

2020年的教师节活动让人感动！教师有理想，学校有未来！

对于已经到来的新的一学年，我相信，我们全体教职员工一定会胸怀教育的责任与追求，做传道授业解惑的引路人。我们一定会牢记自己所具有的教书育人的责任感和使命感，把精力和智慧放在学生的培养上，扎扎实实地上好每一堂课，切切实实地做好学生成长的引路人。我们胸怀远大的追求，争当优秀的教师。只有我们心中有光，孩子的未来才是光明的。

9月是新学年扬帆起航的日子，之于师者意味着新一轮的倾情付出。让我们把个人理想与学校发展、学生成才紧密结合，争取早日将震川小学打造成具有震川精神浸润的高品质的基础教育学校！

也是庭

（2020年9月12日）

我与袁干斌相识共事已有20多年。

2000年，干斌兄从洪泽湖蒋坝镇来到昆山国际学校工作，从此我们开始了共事生涯。最初听闻他，是缘于他的一节应聘课《半截蜡烛》，李凤兴主任对此课赞誉有加。此后，他带班、教学都显示出了扎实的功底。

与他相熟是在2004年，当时我们都教毕业班，后来2008年我们又同在毕业班，关系更进一层。他喜欢看书，各类书都看。有一次，我在他的桌上看到一本《美文》杂志，那"文"字写得有点像"女"字，于是我便和他开玩笑："老袁，你喜欢看'美女'呐？"他一脸茫然，随后我指指他的杂志，他恍然大悟，哈哈大笑……

2009年，我担任昆山国际学校小学部校长，干斌兄担任教科主任。后来，我担任昆山国际学校总校长，干斌兄担任校长办公室主任、校长助理。我与干斌兄意趣相投，教学理念也相仿，相处久了，有时一句话、一个眼神便知对方所意。

2018年年初，我们完成了昆山国际学校转型、衔接的历史使命[1]，便考虑新的去向。当时，樾河小学已基本建成，于是我们申请整体调入樾河小学。我们提了几点建议，其中一点是把樾河小学改名为震川小学，原昆山开发区管委会副主任石敏、原昆山市教育局局长金建鸿、原昆山开发区社会事业管理局（以下简称"社管局"）局长王检阅和副局长顾勇都欣然应允，顾局长还亲自向昆山市编委办打了申请报告。于是，我们一行便来到了震川小学。

震川小学是一张白纸。怎么建设这么一所新学校？怎么实现我们的教育理想？我们几人在未到震川小学之前已反复研究、讨论。归有光，一代文学大家；震川小学，一所崭新的学校。如何定位？如何发展？老袁说，可以建一个图书馆式的学校，我说好。学校，图书馆，让孩子在学校里就像是在图书馆一样。"是学校，也是图书馆！"我们一拍即合！老袁说，可以把这几个字镶在墙上。我说不，我们要把这几个字植入土中。文字厚植于土，理念根植于心。让它生根、发芽！

2018年9月，我们开始着手进行图书馆式学校的顶层设计，我们规划了两套体系，一套是震川小学，另一套是震川书院。我们规划了震川藏书楼的核心读书区，以及南北近200米的开放阅读区——开甫廊。

2020年年初，学校一期校园文化工程基本完工，"一楼一廊一轩"（震川藏书

---

[1] 因国际学校转制的编制问题，2003年之前进入国际学校的教师自2013年起分三批分流至公办学校，2016年分流结束。考虑到学校平稳过渡的问题，我们又留守了两年。

楼、开甫廊、菊窗轩）已完美呈现；下半年，我们着手"一庭一馆一园"的动工建设。教师节前夕，"是学校，也是图书馆"几个立体大字在校园中庭落地生根，追光大厅前象征震川学子的5只飞鸟也身披彩衣，欲展翅飞翔。中庭也初步焕发光彩。

该给中庭取个什么名字呢？这个中庭体现的是我们的建校理念，名字就显得十分重要。大家提了几个名字，都被一一否决了，于是我们继续冥思苦想，却还是一筹莫展。这时老袁说："既然是'是学校，也是图书馆'，那就叫'也是庭'吧？"我说好，于是也是庭诞生了。

2020年教师节，我们全体教职员工在也是庭拍了张全家福。孩子们的新校服来了，拍照留念时，也是庭成为震川校园试镜的打卡必到点之一。不久前，也是庭南侧开了一扇门，归有光纪念馆也即将完工。

也是庭，必将见证和记录师生的成长，必将见证和记录震川小学的发展。

融媒体中心成立啦！

（ 2020年9月13日 ）

这两天，雷鸣主任很忙碌，但他也很高兴。

这学期，学校新添了很多高大上的设施、设备：未来教室启用了，可以线上直播、录播教学，学生人手一个平板电脑，实时参与课堂教学；云机房启用了，50台崭新的计算机，既可以上信息技术课，又可以为师生网上阅读提供便利；震川电视台启用了，3D MASK演播系统助力校园直播；"智慧书法"教学系统启用了，学生可以随意调取字帖临帖学书；学校新网站启用了，网站推出了手机端入口，更便于手机浏览……

雷主任说："这么多高大上的设备，要用好、用得有成效，得成立个融媒体中心！"我说："好。"雷主任说："中心可以分三大块运行，一块是微信公众号，一块是震川电视台，一块是学校网站。"我表示赞同："建议将红领巾广播纳入电视台管理。建议丁志洁副校长任融媒体中心主任，你和陈丽娜主任担任中心副主任。"于是，雷主任草拟了以下文件：

为融合学校新媒体资源，发挥新媒体在学校宣传等方面体现出的优势，经研究，决定成立融媒体中心，具体人员及职责分工如下：

主任：丁志洁

副主任：陈丽娜 雷 鸣

"追光震川"微信公众号总负责：郑昌洋

公众号编辑：郑昌洋 徐少骏 叶 樱 王 琳 郑芳芳 张雅倩

广电总负责：陈丽娜

震川电视台：陆 毅 王秋红

红领巾广播：刘 阳 王艳黎

图片视频：郑昌洋 朱宇浔 徐铱霞 狄晶晶 徐少骏

网站总负责：雷 鸣

希望，我们的融媒体中心能够成为记录震川师生成长的一个平台，能够成为学生才艺展示的一个舞台，能够成为学校对外宣传的一个窗口！

新入校教师谈话

（2020年9月15日）

开学至今已半月有余，学校各项工作已渐入正轨。

从今天开始，我将陆续邀请本学年新入校的教师进行谈话，这是每学年开学我都要做的一项例行工作，今年已是第三年了。震川小学是一所新学校，每年都有大批的新教师加入，除了开学前的"新入校教师见面会"外，此次的谈话还是我们进一步深入了解彼此的机会。

今天，我一共与7位老师进行了个别交流。其中，有从昆山开发区石予小学调入的有6年教龄的马亮老师，有校招的研究生徐童老师、苏运航老师和张雅倩老师，有本市考编进入震川小学的沈佳妮老师和胡嘉仪老师，还有从昆山市新镇小学轮岗至震川小学的李文文老师。

马亮老师告诉我，一定会努力把一年级的体育带好，要在年轻的体育组里发挥作用，同时他还关注到操场边不平整的问题，观察很细致；徐童老师是江西人，从事音乐教学工作，不久前在庆祝教师节活动的独唱表演中已崭露头角；苏运航老师来自孔子故里山东济宁，从小独立，大学里有长期的勤工俭学的经历，是个吃得了苦的老师，但是他告诉我他吃不惯苏南的白米饭；张雅倩老师来自河南洛阳，虽然工作才两周，但她已开始对自己的课堂提出了要求，也有了自己的思考；沈佳妮老师是昆山人，性格活泼开朗，担任三（12）班班主任，她发现班级纪律不是很理想，正寻求办法改善；胡嘉仪老师尚未褪去大学生的青涩，虽没有工作经验，但她能紧跟师父，与师父同步而行、同向而行，共同进步；李文文老师是新镇轮岗至震川的，当初邱彩萍校长告诉我，李老师是一位优秀的老师，还担任着昆山市新镇小学的一些管理工作，如今任教震川小学，期望她待震川如新镇，李文文老师笑着告诉我："一定。"

通过今天与大家的交流，我真切地感受到大家对教师职业的敬畏、对学生的喜欢、对同事的尊重以及对学校的热爱。每一位新老师都是如此迫切地想把教师这个职业干好，迅速地进行着角色转换，都想做一个好老师！

震川三期共有32位新老师，今天花了一整天时间与7位老师进行交流，我觉得很有意义。我想，大家无论是工作调动、轮岗，还是新入职，都是换了一个新环境，换了新环境必定有很多感受，也会有一些困难。所以，近期我会每日坚持与几位老师交流，争取在国庆节前完成这一轮单独谈话。

　　我也希望各位新入校教师能带着问题与我交流，不管是工作上的、学习上的，还是生活上的困难，学校都会竭尽全力为大家疏困解难，希望大家能尽快地适应震川小学的工作与生活，尤其是大学刚毕业的新老师，要尽快调整好心态，争取早日成为一个合格的人民教师。

　　对于大家所提的问题，后期学校还会专门组织召开"新入校教师座谈会"，进行专项听取、整理工作，并在校长办公会议上进行专题讨论。对于共性问题，会研究出台专门方案予以落实；对于个性问题，也会尽全力帮助大家解决，以便更好地为老师们服务！

　　期待我们震川三期的每一位老师都能快速地成长，都能有很好的发展！

绿色学校的启示

（2020年9月18日）

今天，有雨。郑昌洋老师在学校东门拍了一张"雨后也是庭"的照片，在朋友圈刷屏，大家都称赞震川校园的美！

今天，学校还迎来了两拨客人。一拨是上海奉贤区政协代表团在昆山市政协吴卫东副主席和昆山市教育局徐怿副局长的带领下考察学校，考察人员对学校内涵建设及校园文化给予了高度赞誉，对学校短短两年取得的成绩表示由衷的赞赏。另一拨是江苏省住房和城乡建设厅专家领导对昆山开发区推进绿色建筑工作进行评估验收，震川小学是5个推进项目之一。

震川小学总建筑面积4.12万平方米，综合运用屋顶绿化、地源热泵空调系统、雨水收集回用、室内空气质量监控、海绵城市等绿色技术，单位面积耗电量下降幅度达12.21%。震川小学项目助力开发区以103分的高分通过验收，位居全省第一！

下面，我们一起来了解一下用于学校的绿色技术。

1. 可调节外遮阳

可调节外遮阳是建筑遮阳的一种形式，能避免夏季阳光直接通过窗户进入室内，从而达到改善室内环境、降低建筑冷负荷能耗的目的。学校经世楼、博学楼中窗户中置百叶遮阳，有效减少夏季太阳辐射量，降低空调能耗。

2. 室内空气质量监测

学校经世楼办公室、会议室及博学楼舞蹈教室、音乐教室、活动室、阅览室等设置二氧化碳和甲醛监测点。当二氧化碳浓度超标时报警，实现新风通风调节，保证室内空气质量。地下汽车库内设置一氧化碳浓度监测装置，当一氧化碳浓度达到一定量时联动排风机机械排风。

3. 屋顶绿化

屋顶绿化不仅仅是绿地向空中发展，还是节约土地、开拓城市空间的有效办法。学校屋顶绿化面积2613平方米，屋顶可绿化面积5038平方米，屋顶绿化面积占可绿化面积的比例达到51.87%。

4. 地源热泵系统

学校经世楼、博学楼中廊教学楼采用螺杆式地源热泵（带热回收）系统。地源侧循环泵、土壤侧循环泵均采用变频技术。项目设置两台余热回收型热回收机组，机组制冷量为607千瓦,制热量为640千瓦,热回收量为612.1千瓦。两台机组互相备用。工作时只启用一台机组的热回收功能,热回收全部用于食堂热水的烧制。

5. 太阳能光伏发电系统

太阳能光伏发电系统是利用太阳电池半导体材料的光伏效应,将太阳光辐射能直接转换为电能的一种新型发电系统,有独立运行和并网运行两种方式。学校3幢教学楼屋面设置太阳能光伏发电系统,总装机容量50千瓦,占校园变压器总装机容量的2.0%。太阳能光伏发电系统馈线与市电配电箱并网运行。

6. 建筑智能化

建筑设备管理系统是对建筑物内的空调系统进行监测、控制和管理,从而把控机电设备的运行状态、运行参数设置,最终实现设备管理、环境温湿度的舒适性控制、节能管理等功能。学校项目设置建筑设备管理系统,满足分类分项计量系统数据采集和传输要求,管理部门对应管理平台实现数据信息完全对接。

7. 海绵城市

海绵城市专项设计是利用景观、园林等的绿地,通过置换土壤、植物搭配、水文水利设计,经由分散的、小规模的源头控制来控制暴雨所产生的径流和污染,使开发地区尽量接近自然的水文循环。学校室外绿地设置下凹式绿地,收集附近地面雨水,控制场地雨水径流,场地年径流总量控制率达到70%。

8. 雨水回用系统

雨水回用系统,就是将雨水收集后,按照不同的需求对收集到的雨水进行处理,使其达到符合设计使用标准的系统。系统主要由弃流过滤系统、蓄水系统、净化系统组成。学校设置雨水回用系统,收集场地内的雨水,雨水经处理后供绿化浇灌、道路冲洗、洗车冲洗。雨水回用量为每年3034.41立方米,占绿化浇灌、道路冲洗、洗车冲洗总用水量的比例为93.61%。

9. 节水灌溉系统

绿化浇灌采用管道输水的方式,通过各种喷头将有压水流均匀地喷洒在绿地表面,能有效减少人工灌溉中多余水分下渗、蒸发和地表径流的浪费,大大提高对水的利用率,相对于传统的大水漫灌、渠灌和人工灌溉,可以将水的利用率提高到75%以上。学校的绿化浇灌采用节水灌溉系统,并设置雨量传感器,具有雨天自动关闭功能。

真是不看不知道,看了还真被学校所采用的绿色技术所震撼!震川小学,从一开始就是一所走在技术前沿的学校!

由此，我想到了我们的办学，震川小学在办学上能不能也像采用绿色技术那样走在前沿呢？其实，当樾河小学变成震川小学的那一刻，便注入了大家对学校的期待！震川中学是昆山市一所高品质的高中，同样以震川命名的新的小学，其起点也必然在一定的高度之上，人民群众对它的期待值也必定比对其他学校的期待值更高。这对我们提出了挑战，也注入了动力！我们的办学，也必须要采用"绿色技术"，轻负高效、核心质量、办学特色、师生成长……必然是我们的办学追求。让我们携起手来，为把震川小学打造成具有震川精神浸润的高品质基础教育学校而共同努力！

新校服来了

（2020年9月21日）

> 今年流行震川蓝……
>
> "追贤慕德，有光于心"，诗意且简约的表达，融昆山三贤文化与校园文化于其中，承先贤风范，发后浪之先声，谨向"心雄万夫"的文学大家归有光致敬！
>
> ——花祝春[1]

花祝春先生的女儿花梦然是我在国际学校时的学生，梦然是一个琴棋书画、文理兼修的优秀学生，我以能有这样的学生而感到骄傲。我在国际学校工作，以及后来调入震川小学工作，花祝春先生都给了我很多指导与鼓励。

当我把震川小学的新校服、新书包发布在朋友圈的时候，花祝春先生第一时间给我留言鼓励，同时在他的朋友圈转发，并写下了上述文字。我很是感动！

震川小学的标识系统建设也是一个反复再三的过程。

确立"追光文化"及"是学校，也是图书馆"的理念后，怎样将其在标识系统里体现，这是个难题。我们的校徽设计了3稿，最终采用了现在的版本：以震川的"川"字作为核心设计理念，将首字母"C"设计为立起来的书，3本书阶梯排列成"川"字，既体现了震川小学图书馆式的校园文化，又寓示了向知识的高峰不断攀登的震川精神。

确定了校徽之后，后续的校服、书包等才能进行深化设计。我们对设计师说："震川小学的校服和书包，要体现学校文化内涵，款式以新中式为主要方向，要有儿童的元素，要为学生们所喜爱。"同样设计师也是设计了几款，我们行政班子及家委会一起进行了讨论，提出了修改意见，最终确定好方案。

校服上衣左侧印有学校校徽，右侧印有海燕穿梭于海浪波涛之间的花纹和校训，寓意是希望学子们能秉承"追贤慕德，有光于心"的校训，在知识的海洋里拥有乘风破浪的向上精神和毅力。整套服装以蓝色为底，青春阳光，又有韵味。设计精巧的是校服上衣的中式排扣与拉链相结合，既实用又美观，既可以当正装穿，又可以作为运动服来穿！

校服设计师设计了春秋装、夏装、冬天的棉袄马甲；书包设计了两款，男女生各一款。

---

[1] 花祝春先生，原昆山市纪委常委、第二巡察组组长。

校服和书包设计打样完成后,大家都很喜欢。震川小学是一所公办学校,校服自然不能像国际学校那样规定每人两套。于是我们商量建议家长按需定制,可以定制,也可以不定制。学校的家委会王郴会长说:"家委会来进行招投标,把控一下质量与价格。"大家表示赞同。招标工作完成后,由于服装加工工期问题,夏季服装交货较晚,很多家长欲进行退款,王郴会长也一并与中标方进行沟通,并顺利退款。春秋季校服来了,我叮嘱陈丽娜主任说:"已定制校服的,不能浪费。可以规定凡定制校服的,每周周一、周五必须穿校服来校。"我又和王郴会长说:"学校尚有一些家庭条件不是很好的学生,能否与中标方商量,给这些学生每年赠送一套校服?"这些也都得到了落实。

今天,校服终于送来了!孩子们非常喜欢。孩子们喜欢,我们就非常高兴。我对郑昌洋老师说:"给孩子们拍一组照片,试试镜!"于是,也是庭、藏书楼、追光厅就有了震川学子的身影,就有了一张张珍贵的照片……

德育工作现场会有感

（2020年9月22日）

今天下午，昆山市中小学德育工作调研和交流活动在学校举行。昆山市教育局沈志坚副科长、昆山市教育局教研室德育研训员尹弘敏老师、陈湘萍老师带领城区二片16所小学的德育主任参加了活动。

沈科长一行对学校德育工作进行了现场调研后，学校陈丽娜主任围绕"行为常规天天练，心理工作踏实做，特色工作显成效"3个方面向大会做了工作汇报，得到了大家的肯定。昆山开发区国际学校、昆山开发区青阳港学校、昆山市中华园小学、昆山第三中心小学校也做了工作交流。交流会上不仅有各种德育工作的方法分享，大家还提出了德育工作中遇到的困惑，沈科长、尹主任和陈老师对大家提出的困惑也一一给予了解答与启发。

会上，沈科长还提出了"学科育人"的目标：学科育人需要全员育人、全域育人、全方位育人。学科与德育要紧密融合，全力培养有德行、有知识的人才。这一目标给今后的德育工作指明了新的方向。

关于学校的德育工作，我一直在想得有个顶层设计。我与丁志洁副校长、陈丽娜主任也沟通过多次，我们的《生活指导手册》已经在一至三年级启用，很有特色，也被《苏州德育》进行了专版介绍。但是，我们的德育工作一定得有一个"中心"来总领。

苏霍姆林斯基说，德育的总目标就是"培养好人"，而"好人"的本质是具备"善良情感"与"奉献精神"。善良情感既是德育目标，也是德育起点。我们的育人目标是"培养心正情真、笃学崇实、知行合一的现代小公民"，其中，心正情真是德育的目标。而心正情真，即正直、善良，是人的品质中最核心、最基础的品质，这与苏霍姆林斯基的提法何其相似！

震川的德育工作，能不能以心正情真为基础核心品质，在此基础上有序培养其他各类品质？

袁干斌主任说，我们的德育工作特色还是比较鲜明的，建议积极申报省级课题进行系统研究。不久前，丁副校长和陈主任也跟我说，想对德育工作进行梳理，争取申报"十四五"省级课题。这些都与我的顶层设计论不谋而合。

那天，我们4人谈了3个小时，不久的将来，震川的德育工作必然会更上一层楼！

但最受益的，应当是震川的学子们，希望6年的小学生活，能在他们的心里种下"心正情真"的种子，种下"追光"的信念！当他们在成长路上遇到困难与挫折时，能想起"心里有光，世界便是暖的"！只有奠定好品质的基础，孩子们的一生才会更加美好！

校园里的美景

（2020年9月24日）

9月进入下旬，秋高气爽，大自然一片成熟的景致，真是秋日胜春朝。

这些日子，我走在校园里，心情十分舒畅，也亲见了许多校园里的美景。

早上，阳光透过窗户射进教室，教室里孩子们坐姿挺拔，书声琅琅，他们摇头晃脑地诵读着刚学的课文，陶醉其中。虽然只是中低年级，但从小养成的阅读习惯，会使他们受益终身。办公室里，老师们早早地搞好了卫生，有的开始备课，有的准备课件，还有的拿着粉笔，在认认真真地锤炼基本功——练字。

我们学校新老师多，但欣喜的是，新老师们都将基本功作为一项重要技能来练习。早上在校园走一圈，就能见到很多这样的美景：音乐教室里，有老师每天早上都练习着曲目；舞蹈房中，体育老师们在对着镜子练习广播操，因为他们知道，只有自己做得更规范，才能把孩子教得更规范；楼道外，有老师练习着朗诵，因为她想给孩子们呈现最精彩的声音……

这些都是校园里的美景！大家为了孩子们，也为了教育事业，兢兢业业地努力着。

中午也是如此，我们的午间阅读是学校推行书香特色的一个重要阵地，大家也十分重视，有的亲自为孩子们大声朗读，有的录制了音频，有的挑选了精美的读本给孩子们讲授。我们的震川藏书楼也开始热闹起来……

本周，是学校比较忙碌的一周，昨天我们承办了昆山市德育工作现场会，下周一（9月28日）我们要为一年级的孩子们举办一个盛大的入学礼，而所有的准备工作都要在本周完成。

事情虽多，但大家都在有条不紊地进行着。

昨天我们行政班子的"开学工作分享会"开到了晚上近6点，天色微暗，但是仍能见到磨课老师的身影。晚上9点我离开学校的时候，底楼办公室的灯还亮着，大家都在认真地准备着……这些都是校园里的美景！

老师总是要成长的，成长也必然是通过磨课、赛课、公开课来实现的，通过参与课题研究来实现的。所以，我们必须把握好每一个成长的机会。尤其是我们的青年教师，如果现在给你机会，你都不把握，以后等青年教师的数量越来越多，再轮到你的机会就更少了。同时，轮到机会的老师，也必须认真对待，你把握住了一两次机会，你就脱颖而出了。相反，如果你没有把握住机会，以后机会也可能垂青不到你身上。

还记得2019年的今日，学校的后勤职工夏庆华（老夏），他眼见学校的开甫廊大厅卫生难以处理，自费购置了3台扫地机赠予学校，其境界之高，让人佩服！今天，我们的保洁阿姨发现地上拖不干净，跪在地上用清洁球擦拭……

每个震川人都在为学校的发展努力着、奉献着……

这些天，见了这么多校园里的美景，我十分感动！

新目标：特色名校

（2020年9月28日）

今天上午，参加完一年级的入学礼，我便匆匆赶到昆山市教育局参加"一旬谈话"活动。这是一次与昆山市教育局领导面对面汇报交流的机会。昆山市教育局卿胜局长、纪检赵文娟组长、教育工委龚建中委员与我进行了当面谈话。

根据谈话要求，我首先汇报了"一旬工作"情况：9月17日至27日，是开学的第三、第四周。前两周，主要是召开各类会议，明确、统一学校学年发展目标，并分条线制订方案。召开了食堂工作专项会议、安全工作专项会议，奠定安全基础。同时，严抓开学常规管理工作，尽量让学校从一开始就走上正轨。

这两周，我"着眼于人，立足于事"，一方面进行行政人员管理的督促指导，另一方面进行新入校教师谈话。主要开展了以下工作。

1. 开展新入校教师谈话工作

9月15日、16日、18日、22日、23日、24日共计谈心谈话新入校教师24位。通过谈话，加深对新教师的了解，帮助他们解决一些工作中、生活中遇到的困难，同时给予新教师工作上的信心，让他们更加投入教学工作。

2. 开展行政人员工作督导

9月17日、25日上午召开行政例会，同时，结合平时的工作对行政人员的管理进行探讨与交流，引导大家要从问题管理转向方法管理，每个科室、每个行政部门最终都要有自己的管理秘籍、有独特的管理之道。

3. 其他日常工作

9月17日，讨论确定"归有光纪念馆"最终方案，讨论一年级新生入学礼方案。

9月18日，迎接江苏省住房和城乡建设厅对开发区推进绿色建筑工作评估验收，学校是项目点之一，获最高分通过。

9月18日，接待上海市奉贤区政协考察人员来校参观与考察。

9月21日，开展9月主题党日活动。

9月22日，承办昆山市德育工作现场调研活动。

9月23日，迎接青阳派出所来校进行安全工作检查；召开教职工例会"昆山智慧教育云平台培训"。

9月24日，参加开发区学校食品安全工作会议。

9月25日，讨论"项脊之光"党建品牌内涵，讨论校园文化系统启用仪式。

9月27日，检查未来教室、云机房、电视台的验收工作；筹划青年教师读书会成立仪式，迎接教育局安全检查。

每日巡视校园不少于2次，进行走班式听课，察看食堂、门卫、办公室等工作情况。双休日及工作日晚上，有时也会到校看看。

在谈到存在的不足时，我向几位领导提出了两点：

第一，骨干教师不足。学校规划庞大，青年教师大量招聘，导致骨干教师比例下降。恳请昆山市教育局能相对倾斜，给予学校骨干教师流动支持。

第二，学校藏书量不足。"是学校，也是图书馆"的建校理念逐渐呈现，学校藏书楼3层，依靠学校购买书籍需3～4年才能布置满。现在开甫廊等开放空间的图书基本没有，望能予以支持，把震川小学打造成一所书香浓厚的独特的图书馆式学校。

震川小学是一所新学校，几位领导对学校的健康发展都很关心。

龚建中委员说，针对骨干教师不足的问题，学校可以申请骨干教师招聘；震川小学的校园文化要与震川文化相结合，藏书不足可以接受一些爱心企业捐助。龚委员知道我在民办学校工作20年，到公办学校或有些不适应，所以同时提醒我要认真学习公办学校各项规章制度，并严格落实，可见对我的关心。

赵文娟组长也对我满是鼓励。她说，在"一旬工作"中能党建、教育两手抓，可见对党建工作的重视。同时，常态化工作没有任何放松，而且能突出重点，在开学初首抓安全、食堂，工作思路是十分清晰的，并期待学校行政团队从问题管理到方法管理的实践研究能早日出成果！

卿胜局长首先对我提出的两点不足给予了指导。关于骨干教师不足的问题，可以几条腿一起走，一方面通过招聘吸纳一些骨干教师，但这毕竟有限，更重要的是学校要努力培养骨干教师，通过三五年的培养，优秀的青年教师都可以成为学校的骨干教师。关于藏书，卿局长表示昆山市教育局捐赠可以支持一部分，同时昆山开发区有责任的优秀企业很多，可以接受一些优秀企业的捐赠。

同时，卿局长还对学校发展定位提出了新的要求。他说，震川小学要朝着特色名校目标迈进，要以特色名校引领学校全面发展。他提出了五点意见：一是思想统一，全校上下要统一目标，统一认识；二是全面融合，学校各项工作要以特色名校为主线，融合其中；三是干事创业，全校上下尤其是领导班子要有干事创业的勇气和魄力；四是正气充盈，全校上下要以"追光文化"为引领，使学校正气向上；五是守住底线，特别是要守住安全和师德师风的底线。

卿局长为学校提出了新目标，回校后我与行政班子人员进行了交谈，大家都信心满满，我们原本的办学目标是"把震川小学办成一所具有震川精神浸润的高品质基础教育学校"，现调整为"把震川小学办成一所具有震川精神浸润的高品质基础教育特色名校"。

几字之易，但高度更高，目标更远。特色名校不是两年、三年便可办成的，需要我们五年、八年，甚至十多年的不懈努力。目标明确后，我们要进一步细化措施，分阶段实施，争取早日实现特色名校的目标！

新目标：特色名校

争做"追光"好少年 [1]

（2020年9月28日）

亲爱的各位同学、尊敬的各位老师和家长朋友们：

大家上午好！

今天，是一个特殊而又有意义的日子。9月28日，是孔子诞辰日，再过两天就是我们伟大祖国的生日。在这金秋时节，我们隆重集会，为震川小学2020级的一年级新生举办隆重的入学礼，就是希望给孩子们开启人生新的篇章，让他们迈好学习这条漫漫长路的第一步！

在此，请允许我代表学校对全体一年级的同学们表示热烈的祝贺！对来现场的家长代表及通过网络观看孩子们入学礼的全体家长表示热烈的欢迎！对全体老师们表示衷心的感谢！

昆山开发区震川小学是国内唯一以明代文学家归有光之号命名的小学，其校园文化在一定程度上反映了震川先生的思想。基于此，在充分思考东西方教育理论及传统文化后，学校将文化主题定位为"追光文化"。其中，"追"为探寻、追求之意。"光"则有两层含义：一是指先贤归有光；二是指光明、光亮，代表具有正向价值的人和事。由此，"追光"既指追寻归有光先生的足迹，学习其精神，仰慕其文章；又指不断向光明的、正向的价值迈进。

学校的校训是"追贤慕德，有光于心"。我们希望，孩子们通过在震川小学6年的学习，能够成为"心正情真、笃学崇实、知行合一的现代小公民"。

为了实现这一目标，我向同学们提出了以下几点希望。

1. 要热爱祖国，尊敬师长，做有品德的震川学子

再过两天就是我们伟大祖国的生日，我们的祖国日益繁荣昌盛。我们要感谢我们伟大的祖国，为我们建设了这么优美的学校，提供了这么优质的教育，让我们在这宜人的环境中学习和成长。

我们的父母和老师，是最疼爱、最关心我们的人。他们可以为我们的成长牺牲时间、花费精力，教育我们、包容我们，所以我们一定要永远孝敬父母、尊敬老师！

2. 要好好读书，刻苦学习，做有学问的震川学子

震川小学的校园文化有两个指导理念：一个是震川文化，另一个是"是学校，

---

[1] 这是笔者在主题为"开蒙启智，礼赞祖国"一年级新生入学仪式上的讲话。

也是图书馆"的理念。我们会把校园打造成图书馆式的校园，以震川藏书楼为核心，校园里全面建设开放式的图书空间，让大家随时随地可以看到书，可以读书。

希望同学们一定要好好读书，广泛涉猎，不仅在学校读，在家也要读。读书学习是学生最重要的事，也是最有意义和最有乐趣的事，我们一定要坚持阅读，做一个有学问的震川学子。

3. 要好好锻炼，培植兴趣，做有才艺的震川学子

除了有品行、爱学习外，我们还要学习广泛的才艺。学校开设了众多的社团课程，希望同学们积极参与，希望大家都能掌握2项以上体育技能，拥有1~2项艺术才能，为自己的未来打下坚实的基础。

今天，又是孔子诞辰日。孔子是万世师表，在此，我想对老师们讲，希望大家以孔子为榜样，"有教无类"，关心并教育好每一个孩子，不放弃任何一个孩子；"因材施教"，对不同的孩子实施不同的教育方法，让震川小学的每一个孩子都有所进步、学有所成！

同时，我也想向各位家长提一点希望，希望我们的每一位家长都把教育孩子作为自己最重要的事业，关心孩子，爱护孩子，积极配合老师的教育工作，为孩子创设一个良好的家庭学习环境，助力孩子们早日成材！

同学们，千里之行，始于足下。今天，震川小学举行的一年级新生入学礼，就是孩子们千里之行的第一步。震川小学全体教师及每一位新生家长，都是引路人。希望同学们好好学习，天天向上，在学习的道路上越走越好、越走越宽广！

最后，祝全体同学学习进步！祝全体老师工作顺利！祝全体家长万事如意！

谢谢大家！

项脊轩读书会

（2020年9月29日）

"尝梦居一室，室旁杏花烂漫，诸子读书其间，声琅然出户外。"归有光在《杏花书屋记》描述了令人向往的画面。于是，在震川小学的开甫廊便有了"杏花书屋"，如今室外桂花飘香。于是，在2020年7月，我们有了自己的刊物《杏花书屋》。

"三五之夜，明月半墙，桂影斑驳，风移影动，珊珊可爱。"正是因为归有光的名篇《项脊轩志》，所以，在震川小学我们将复原"项脊轩"。于是，在2020年9月，我们有了自己的读书会——"项脊轩"青年教师读书会。

"项脊轩"青年教师读书会的成立是学校校园文化建设的一件大事，是学校优秀青年教师团队建设的一件大事。

苏霍姆林斯基就曾说过：集体的智力财富之源首先在于教师的个人阅读。一所学校有了爱读书的教师，校园才会有书香，学生跟随爱读书的教师，才能更多地感受教育的美好。作为致力于打造图书馆式学校的震川小学，打造一支勤于读书、勤于思考的教师队伍，是践行"是学校，也是图书馆"这一办学理念的有力保证。值此读书会成立之际，我想对读书会的全体成员提几点希望。

第一，希望青年教师们要克服困难，挤出时间进行阅读。

震川小学青年教师很多，许多教师刚刚走上工作岗位不久，可能会感到一天的工作和生活是非常忙碌的。平常除了教科书、教辅书外，许多人可能不再看其他书籍，阅读量缺乏会使我们的课堂显得内容贫乏，而这对于现在的学生而言，显然是不够的。为此，我希望更多的教师要学会把读书当作生活的一部分，养成每周、每天去图书馆的习惯，养成随身阅读、随手阅读、随机阅读的习惯。而习惯的力量，也能让我们渐渐觉得，一天不看书就欠缺了什么，总是会想方设法地去寻找属于书本的时间。当然，我们教师也并不见得非要见缝插针才能找出时间，或许有些时候，没时间只是一个托辞，没有动力和毅力才是问题所在。

第二，希望青年教师们在看书时要有所讲究、有所选择。

现在的书籍浩如烟海，怎样选择合适的书籍，对任何读书人而言都是很重要的事情。作为教师，选择学科专业、教学策略和方法、教育心理等方面的书籍阅读，对教学工作是大有益处的。当然，也不应该只是局限于这些实用性强的书籍。作为中小学教师，知识面宽一点，知识广博一点，不但有利于课堂内容的架构，而且有利于展示人格魅力，吸引学生的注意力。本学期我们推荐了3本必读书籍，刚才几位老师也做了专门的导读介绍，这些书对我们的学科素养及个人专业成长都大有裨益，希望老师们真正读进去，真正从中汲取营养；也希望我们的老师向更多的经典靠近，促进自身更快成长。

第三，希望青年教师们要把阅读与思考结合起来。

教师如果只是阅读，而不能结合自己的实际加入思考或者是实践，那么阅读并不能对教师专业能力的提高起到有益的影响。阅读是一种输入，要让阅读的知识产生输出的动能，那就必须对它进行加工。很多人阅读时做读书笔记，或者写书评，这样的阅读会收到更好的效果。动笔读书是更高层次的阅读，它需要有一定的毅力才可以实现。教师阅读的价值主要在于对教学的贡献，广博的知识与灵活的组织运用，能使一位教师成为课堂教学的佼佼者，这样教师拥有的就不只是我们常说的"一桶水"，还拥有知识的溪流，可以源源不断地重组和更新教材中有限的知识内容。

最后，祝"项脊轩"青年教师读书会越办越好，祝读书会的每位教师都能在读书中不断增长职业智慧，尽快成长为一名精神丰富、专业精进的教师，进而实现自我人生层次的升华！

10月

陪孩子们用餐

（2020年10月12日）

我喜欢周一。

周一是一周的起始日。早上在校门口值班，我会迎接孩子们的到来，看到孩子们背着书包欢快地走进校园，听到他们甜甜地招呼"老师好""校长好""门卫叔叔好"，心里充满暖意。

举行完升旗仪式，雷打不动地，我总要去食堂兜一圈。

先看一看本周的师生菜单。荤素搭配、营养搭配、颜色搭配是否都合理？每日的餐标是否达到标准？验菜是否严格、规范？随后，便会折回到加工间，看厨师和阿姨们洗菜、切肉。一要提醒洗菜、净菜操作规范，二要提醒操作安全、卫生。好在学校食堂采用"五常法"[1]管理后，各项工作还是十分规范的。粗加工间、精加工间、烹饪间都时时处处保持着整洁、卫生。

今天吃大排。食品安全员王娜丽跟我说："现在猪肉的价格很高，大排吃不起。"我说："一两周吃一次大排、红烧肉也是可以的，偶尔一日超标，但总量平衡就行。"吃大排，厨师的工作量就很大。需要两个厨师用几个锅同时操作，煎的时间短了怕不熟，煎的时间长了怕太老、怕孩子们啃不动。但是，若孩子们喜欢吃，辛苦一点又何妨呢？

从烹饪间出来，阿姨们已经在淘米、蒸饭了。蒸饭也是一项技术活，水多则饭烂，水少则饭硬，时间短有时会夹生。好在阿姨们是熟练工，加多少水、蒸多长时间都心里有数。

调料间也是每次必去察看的地方。是否按规定摆放调料？是否分类整理清楚调料？调料是否有入库、出库记录？是否有临界过期的调料？我都得一一查看。

中午，我便会早早地到达学生餐厅，因为周一是我陪餐，我要与孩子们一起用餐。

孩子们排着整齐的队伍来到食堂，我总是叮嘱阿姨多打点饭菜，要把他们看作自己家的孩子一样，要让他们吃饱、吃好。我也同样会叮嘱孩子们，不能挑食，要营养均衡，要光盘。孩子们很听话，吃到喜欢的菜，脸上不由得露出微笑……

我一直与厨师们讲，其实吃什么并不重要，重要的是一定要用心制作，把菜

---

[1]指常组织、常整顿、常清洁、常规范和常自律。

的味道烧好！我们在家烧菜，看到家人把菜全部吃光，心里就会很满足。学校里也是一样，孩子们把菜全部吃完，老师们对菜品夸赞，其实就是对厨师最大的肯定！大厨们都点头称是。

用心烹饪，把爱心注入美味，大家都是能感受到的！

优美校园

（2020年10月13日）

今天，学校通过了昆山市"优美校园"评审，荣获"优美校园"称号！这真是一件让全体师生感觉快乐的事，能在优美校园里学习、生活，想想是那么幸福。

我认为，"优美校园"首先应是学校精神文化的丰盈，然后应是在学校精神文化的指导下学校环境、师生校园生活的优美。震川小学开办的前两年，是震川小学深耕土壤、积聚能量的两年，第三年终于破土而出。

"追光震川"是我们响亮的校园文化品牌，我们学校的校训是"追贤慕德，有光于心"，其中"有光"字面上是"归有光"，也代表着光明、光亮，正向的价值；同时，我们的"追光"镶嵌于校训前后两句之中，也可谓是一语双关。我们希望，我们的震川校园是一个积极、阳光的校园，我们的师生既是校园的追光者，也终将成为一个个光源，照亮身边的人与事。

在"追光文化"的指引下，结合震川精神，我们打造"优美环境"。教学区、活动区布局合理，相互配套，学校书香浓郁，贯穿落实"是学校，也是图书馆"的理念，书香浓郁，沁人心脾。图书馆式的学校初具雏形。我们打造"平安校园"，牢固树立"安全第一"的思想，居安思危、警钟长鸣，推进品质食堂建设。我们打造"优美教师"，把教师发展作为"一号工程"加以推进，加强教师师德修养和业务能力的培养，充分发挥名师和骨干教师的引领作用，同伴互助蔚然成风。我们培养"优美学生"，坚持"一静一动"培养特色，"静"旨在养成学生热爱阅读的习惯，"动"旨在培养孩子艺体才能，让每个学生都能拥有一项艺术特长和一项体育特长。将社会主义核心价值观与日常教学有机结合，使其外化于行、内化于心。我们打造"优美课堂"，追求自然、和谐、生态、快乐；课堂的美在于面向全体、面向发展、因材施教；课堂的美更表现为师生的共同成长……

希望全校师生皆能以"我是震川人"为傲，因为我们的校园如此优美，我们的老师如此优美，我们的学生如此优美。我们将继续开拓创新、奋发进取，使学校成为教师专业成长的沃土，使学校成为震川学子健康成长的摇篮！

课题研究推进会

（2020年10月14日）

　　如果说2020年上半年因疫情影响各项工作推进缓慢的话，那么学校的"基于'震川文化'的无边界阅读支撑系统的构建研究"在上半年被立项为江苏省教育科学规划重点（自筹）课题，并且顺利举行开题仪式，则是上半年工作中一抹亮丽的色彩！

　　这个课题的选择与确立，是我与袁干斌主任结合震川小学发展的总体规划反复研究、讨论而确定的，其间得到了昆山市教师发展中心张敏华主任的不少指导，也得到了苏州市教科院孙朝仁主任的不少指导。我们之所以喜欢这个课题，是因为这个课题特色鲜明，与震川小学的发展高度融合。课题研究推进的过程就是震川小学不断发展的过程，什么时候课题研究硕果累累，那么震川小学的特色名校建设也就有了眉目！

　　这学期开学后不久，袁主任就来找我，与我商量课题推进工作。上半年，我们全体老师一起学习了课题方案，同时成立了课题研究中心组并召开了相关会议，这学期要进入实质性的研究推进阶段。袁主任已将课题进行了分解，共三大方面12项主要研究内容，具体可分解为49项二级子课题。

　　第一部分："震川文化"的挖掘、提炼及传承的策略研究。它包括归震川生平简历的研究、归震川学术思想的研究、归震川思想精髓对教育启示的研究、"震川文化"的提炼与传承的策略研究。

　　第二部分：无边界阅读内涵及其特征的研究。它包括儿童阅读现状的调查研究、儿童阅读存在问题梳理的研究、无边界阅读内涵及其价值的研究、无边界阅读的特征研究。

　　第三部分：基于震川文化传承的无边界阅读支撑系统的构建研究。它包括基于震川文化传承的无边界阅读"环境系统"的构建研究、基于震川文化传承的无边界阅读"指导系统"的构建研究、基于震川文化传承的无边界阅读"保障系统"的构建研究、基于震川文化传承的无边界阅读"评价系统"的构建研究。

　　我建议马上召开课题研究推进会，袁主任也正有此意。于是，今天课题研究推进会如期举行。

　　袁主任在会上做主题发言，指出课题研究是一项系统工程，需要全体教师群策群力。在前期大量微型课题收集、筛选的基础上，结合教师们的课题研究意向表，对学校课题共三大方面12项主要研究内容进行分解，共分解为49项二级子课题，分3个研究小组落实到人，要求各子课题研究人员对所要研究的内容进行认真思考、规划，填写"震川小学子课题研究申报表"，进而聚焦研究方向，找准切入口，真正把课题研究落实到自己的教育教学中去。

会上，袁主任还对近期学校课题研究成果进行了梳理，如整理选编《归有光诗文选读》，组织编写《无边界阅读：震川小学学生必读书目指导手册》（1—3年级）等，对教师个人研究成果做了部分展示，对后一阶段课题研究主要工作进行了布置。

从此，课题研究的步伐正式迈开，希望全体教师积极发挥自身优势，创造性地开展研究活动，走上从事研究这条幸福的道路。希望课题研究既为学生成长助力，又为教师发展助力，更为把震川小学建设成特色名校助力！

新入校教师座谈会

（2020年10月15日）

最近两次的校长办公会议上，一些行政领导谈起我们的青年教师，心中有点忧虑，担心我们三期的新教师们是否还能像一期、二期培养的教师一样快速胜任工作。

我说，新教师在新岗位上存在一些问题是很正常的事，我们可以忧虑，但急不得，也急不来！刚工作一两个月，要像工作了一两年一样，那是不可能的。但是，我们可以想方设法创造条件让新教师们少走弯路，快速胜任，这是我们的责任，也是我们的义务。

我建议召开一次新入校教师座谈会，来倾听新教师们的困惑与想法，并有针对性地提出解决问题的办法，以后可以形成学校独有的《新入校教师培养方案》，这也是我之前一直倡导探索的从"问题管理"向"方法管理"转变的管理思路。

大家都表示赞同。

10月15日下午，2020年新入校教师座谈会如期举行。

首先，今年刚入职的新教师畅所欲言，结合自己开学以来教育教学的感受，从备课、课堂教学、班级管理、家校沟通、后进生转化、作业训练等方面，提出了一系列自己的困惑及需要帮助的问题。

胡嘉仪老师提出的问题是："与问题学生的家长怎样有效沟通？对无法适应班级生活的小朋友如何教育？"沈佳妮老师说："上课纪律怎样维持？我现在花费在管纪律上面的时间很多。"吴成君老师说："我感觉找不到时间来讲练习题。"李娜老师说："有什么办法来促进孩子在家进行阅读呢？"张京京老师说："课堂常规教学怎样加强？特殊学生怎样对待？"袁博雅老师说："对社团活动还不熟悉，公告栏还没有落实到位。"杜迎香老师说："作业本丢失的问题怎么解决？班级的纪律改善了，但作业尚无明显进步。"金婉玉老师说："后进生的学习问题很多，没有时间进行作业订正。"……

大家提的问题很多，这些问题每一个新教师都会碰到，也都碰到过。从这些问题中，可以看出学校新教师认真负责、勤于反思的工作态度，以及一切为孩子着想的真心。

接下来，各科室主任结合本部门工作，对新教师遇到的问题提出相应的解决策略。关于后进生转化，陈丽娜主任提出了春风化雨般的爱的教育，指导青年教师要在观察中了解孩子,在鼓励中关爱孩子。陈主任曾带过的三(11)班有一个学习有困难的小女生,她出操、吃饭一直牵着这个小女生,像对待自己的女儿一样,这很让我感动,现在这个女生的成绩也越来越好了。顾庆荣主任就课外阅读提出了"要把阅读当成呼吸一样自然"的观点,提倡家校配合,共同培养学生的阅读习惯;关于作业,要敢于向家长提要求。盛燕副校长介绍了学校课外社团开展的流程,致力于培养德、智、体、美、劳全面发展的人才。丁志洁副校长提出新教师不仅要与学生建立良好的关系,还要和家长保持密切的联系,积极开展家访活动,进行"有温度"的沟通。袁干斌主任提出,教育教学是一项复杂的活动,所有的策略都需要从实际问题出发,真正做到因材施教、诲人不倦……

今天的座谈会开得非常好,青年教师是学校的未来,也是学校的希望。新教师的第一年起步尤为重要,希望全体新教师要积极学习,努力钻研,加强反思,从而不断提升自己,最终能够做到在教育管理及学科教学方面达到"一个月有型,一学期有质,一学年有品"。同时,我们各科室负责人要认真梳理问题,提供切实可行的解决方案,助力教师发展。后续,可以通过"震川论坛"、专题方案等形式,逐步解开新教师心中的疑惑,让新教师们早日成长为合格的骨干教师。

校长培训

（2020年10月23日）

这几天，昆山市教育局组织全市小学校长赴上海华东师范大学参加"2020年昆山市小学校长研修班"。此次研修班日程安排充实，培训内容丰富，让人受益匪浅。

10月21日上午，我们一到培训地点（上海吴泾宝龙艺悦酒店），便进行了开班仪式，开班仪式结束后又吃了自助午餐。中午休息了片刻，便迎来了华东师范大学张俊华教授的第一个讲座"习近平有关教育的重要论述+领导力、团队协作与优质学校建设"。张俊华教授深入浅出，一直讲到17:00才结束。晚餐是快餐。18:30—21:30我们聆听了华东师范大学冯大鸣教授的讲座"现代管理的理论与实践"。

22日白天，我们赴上海市黄浦区教育学院学习培训。上午是3个讲座，分别是谭轶冰副主任的"上海市小学课程改革、素质教育理论与实践"、奚晓晶院长的"黄浦区教育概况"和傅景副主任的"小学课改"。我们匆匆用过午餐后，下午聆听了4场报告，分别是曹根林原副局长的"强化学习习近平有关教育的重要论述及四史和民族政策"、马原根校长的"怎么做校长——团队建设和优质学校的打造"、陈瑾校长的"怎么做校长——传统文化与现代教育及校长领导力"和虞怡玲校长的"怎么做校长——素质教育理论与实践及教育氛围的营造"。晚上，我们赶回上海吴泾宝龙艺悦酒店，18:30—21:30是瑞典斯德哥尔摩大学KO-CHIH TUNG教授的线上讲座"教育督导与学校发展"。

23日，上午是上海师范大学原校长张民选的讲座"上海基础教育的改革与发展"，下午全体研修班人员一起乘车前往上海民办华东师大二附中紫竹双语学校进行现场考察学习。当晚是培训期间唯一没有安排学习的晚上，得以有一些时间做些记录。

24日，还有两场讲座，分别是华东师范大学吴永和教授的"教育大数据驱动精准的教育教学"和周勇教授的"传统文化与现代教育"。

本次研修分为集中培训和返岗研修两个阶段。上面的安排便是集中培训阶段，学员完成集中培训后，回到所在学校开展返岗研修，理解、消化集中培训期间的学习内容，结合学校管理实际，提升办学治校的实践能力。

我个人觉得此次研修班无论是昆山市教育局还是华东师范大学都是花了大量心血准备的。此次研修采用了"专家引领—现场体验—同伴互助—个人反思"的立体化研修模式，以线上和线下两种方式进行。

专家引领——由华东师范大学杰出教育专家、与华东师范大学有着密切合作关系的国际知名学者及上海地区教育行政管理者为学员开设学术讲座、案例教学并做现场交流，分享前沿政策信息、专业理论、新颖观点和独特教育经验。

现场体验——选取上海市办学水平高、办学质量优的学校开展现场教学观摩与交流，组织学员进行现场体验和学习。

同伴互助——通过该研修项目为昆山市小学校长搭建学习共同体网络，促进校长间实践智慧的分享。

个人反思——帮助学员基于研修内容做好个人反思及实践经验总结，从而促进其对实际问题的诊断和未来行动的改进。

专家们高屋建瓴、深入浅出的讲座让人豁然开朗，一线校长的工作报告让人很受启发。其实，我一直觉得培训要取得实效，关键还是在于个人，还是在于专家的观点能不能与自己的观点发生共鸣，引发个人的思考。更重要的是，这些思考能不能与学校实际相结合，从而加强学校的综合管理能力。如果可以，那么培训效果就会显现；如果不行，那么再多的输入也是徒劳。

从"问题管理"到"方法管理"

（2020年10月25日）

经过一个月的努力，学校的各项管理工作基本走向规范，大家都辛苦了！

那么，是不是达到预期的目标，我们的管理工作就完成了呢？答案是否定的。管理是一个长期持续的过程，而且每个阶段都可能会出现不同的问题。有的问题在期初出现，有的问题在期中出现，有的问题则可能在期末，甚至假期出现。这就需要我们对管理有系统、全面的认识和把握。学校管理是这样，部门管理是这样，班级管理亦是如此。

为了进一步提升学校行政的管理能力与管理水平，之前，学校行政人员召开了"开学工作分享会"（规范管理篇），大家畅所欲言，交流开学一个月以来在部门及岗位工作中的工作方法和心得体会，以期互通有无，共同提高。

我们的每一位行政领导都交流了自己分管工作的一个案例，有的谈了安全工作，有的谈了食堂管理中的问题，有的谈了午间阅读，也有的谈了课题方案、社团活动……内容涉及各个科室，涵盖所有管理领域。

通过分享会，大家互相启发，形成共识，更主要的是提升了管理能力。管理，一开始必定是"问题管理"：出现了问题之后，想对策，想应对方法，然后解决问题。问题有大有小，解决问题的方法、策略也多种多样，导致了"问题管理"一定会是局部性的，其实质是"被动管理"，是管理的初级阶段。

我们要有效管理，必然要从"问题管理"转向"方法管理"，要善于记录案例、反思案例，从中形成工作思路，最后找到工作方法。食堂工作的"五常法"就是从"问题管理"到"方法管理"的最好案例。

最近一个阶段，我们全体行政人员对"新教师培养"进行了几轮专题研讨，认真梳理了新教师成长过程中碰到的各种问题，并提出了切实可行的方案，形成了全面的培养计划。震川小学是新学校，现在还在不断扩张，每年仍会有大量新教师加入震川大家庭，要让他们早日站稳讲台，早日教学有型、教学有质、教学有品，担任班主任的新教师们早日管理有型、管理有质、管理有品，我们必须摸索出一套办法。现在，方案已经基本形成，以后会日臻完善，必定会成为震川小学"方法管理"的一个样本！

从"问题管理"转向"方法管理",其实质是从"被动管理"转向"主动管理",从"局部管理"转向"系统管理"。我们期待在震川小学内部能产生我们自己教学的"五常法"、德育的"三层法"等;同样期待教师们在教育教学管理中,也能产生班级管理"四环法"、教育工作"五步法"!

希望大家都能做一个善于思考的聪明的管理者,期待震川小学能有更多的管理方面的专家出现!相信一定会有!

这所学校的书香气![1]

（2020年10月26日）

近日，昆山市图书馆与震川小学共建活动暨智能书柜启动，图书馆分馆签约仪式隆重举行。建校之初，震川小学便确定了以震川思想为主题的文化发展方向，坚持"是学校,也是图书馆"的理念，努力建设在苏州乃至江苏省内具有一定影响力的图书馆式学校，不断提高办学品位，形成独特的学校风格，也因此与昆山市图书馆结下了不解之缘。馆校携手，传递阅读、传递书香，让阅读滋养童年，让书香浸润童心。

昆山市图书馆馆长金磊、家委会主任及学生代表们共同出席了揭牌仪式。部分教师及家长代表、学生代表也参加了此次活动。

揭牌仪式后，昆山市图书馆网借室工作人员向震川小学师生现场演示智能借阅柜使用方法，孩子们亲身体验了智能书柜的使用，昆山市电视台对现场的家长代表、学生代表、教师代表进行了采访。

一个幸福和谐的校园，一定离不开书，离不开书中所散发出来的文化气息。在致辞中，金磊表示，图书馆是全社会终身学习的场所，昆山市图书馆的资源也将进一步进入学校、进入社区、进入农村，希望阅读能成为点亮孩子人生起航的明灯，让更多的孩子在阅读的天地中勾勒出五彩的梦想，在阅读的阳光下快乐成长。

接着，由家委会代表发言。家委会代表向昆山市图书馆及学校表示感谢，并强调了孩子们课外阅读的重要性，结合震川小学读行会活动及各种阅读活动，鼓舞大家通过亲子阅读让孩子收获快乐的果实。

昆山市图书馆副馆长龚广宇及少儿部工作人员向震川小学学生赠送学生借阅卡，相信孩子们今后将畅游在书籍的海洋之中。随后，所有参加活动的人员共同观看了"项脊分馆"的形象墙视频，其设计风格与震川小学已有藏书楼形象墙的设计风格统一。该图书馆共划分出了3块阅读区域：成人、青少年、亲子阅读区域。

此次签约仪式的圆满举行，为双方进一步合作的开展打下了良好的基础。相信馆校的牵手合作将会在未来更好地推动教育文化事业的发展。

会后，由屠老师为我们带来了"苏韵流芳——苏剧艺术赏析"的专题讲座。屠老师为我们介绍了戏曲的"四功五法"。"四功"即"唱、念、做、打"，"五法"即"手、眼、身、法、步"。结合生动的展示，小朋友们被深深地吸引了。最

---

[1]"昆山图书馆·项脊分馆"共建暨智能书柜启动仪式，由昆山市文体广电和旅游局（以下简称"市文体广旅局"）以上述标题予以发布。

后，两位戏剧老师还为我们带来了戏剧选段，适时适度、恰到好处的表演，赋予了戏曲强大的艺术表现力。

四季都是读书季，天天都是读书时。就让我们在图书馆相遇，让我们在书中相约，一起走进智慧的殿堂，汲取知识的营养，让浓郁的书香气息弥漫美丽的校园！

开甫廊

（2020年10月28日）

"心里有光，世界便是暖的。"

很多人告诉我，每当看到这句话时，心里总是充满感动。我也是。

这句话就镶嵌在学校开甫廊"追光厅"的主题墙上。我们的孩子每日到校均能看到这句话，希望这句话能刻进他们的心里，能成为他们人生的指引。

开甫廊是学校博学楼底楼的一条大厅长廊，南北长约200米，连接着教学楼与综合楼及食堂，是学校里非常重要的一条长廊。2018年8月，时任教育局副局长苏培兰和基教科副科长徐文明来新学校检查开学准备工作，到了这条长廊，苏局长说："这条廊很有特色，要好好利用！"

大家都说，这条廊贯穿南北、连接东西，体量很大，得用一个镇得住的名字来命名。归有光，字熙甫，又字开甫，别号震川，又号项脊生，世称"震川先生"。"震川""项脊"用得多了，"熙甫"闭口音叫不响，于是这条廊就被命名为"开甫廊"。

依照"是学校，也是图书馆"的理念，开甫廊被打造成一个开放式的阅读空间，成为震川藏书楼的一个补充与延伸。

追光厅是开甫廊的首启。从也是庭入内，映入眼帘的便是"追光"两个大字。"追光震川"是我们的校园文化品牌。追光厅的北侧便是镶嵌着"心里有光，世界便是暖的"的主题墙，西南侧是雪竹轩，取意于归有光的《雪竹轩记》，是开放式的教师阅读区。

从追光厅一路向北，经过震川藏书楼、议事轩，和集智堂相对的便是耐斋，耐斋是万安刘先生的书斋，刘先生为昆山县学训导，俸禄微薄，自称"耐贫""耐辱""耐久"，故取书斋名为"耐斋"，归有光为之撰写《耐斋记》。

耐斋北边是一个天井，采光极好，下有空地。我们便在东面建了一个小舞台，墙上装了显示屏，孩子们展示的空间就有了。我们将其取名为"追光剧场"，孩子们可以在这里朗诵，可以在这里开小型音乐会，可以在这里交流阅读心得，也可以在这里演一出小话剧……小剧场为整个开甫廊带来了无限生机，也给孩子们带来了无限乐趣！

追光剧场西侧是梦鼎堂。归有光和吴承恩曾同在长兴当官，一个任县令，一个任县丞。当时，归有光重新修理营建县衙时，把知县私宅改名为梦鼎堂，并撰写

《梦鼎堂记》，吴承恩书写了这段文字，并刻成石碑立于梦鼎堂东侧。梦鼎堂是归、吴两人友谊的见证。我们的梦鼎堂是孩子们最喜欢的阅读区域之一。

追光剧场北侧是承志堂，内设宾室、论室。承志堂是归有光祖父的宅子，当年归有光降生，承志堂前出现一道虹光，于是其祖父为其取名"有光"。

承志堂往北左首处，便是杏花书屋。我甚爱此屋。归有光在《杏花书屋记》中写道："尝梦居一室，室旁杏花烂漫，诸子读书其间，声琅然出户外。"凿实是一幅令人向往的读书画面。后来，我们创办了教师刊物《杏花书屋》，所写、所述均让人爱不释手。

再往北便是良士堂了，良士堂设计成低矮拼桌的形式，取书、看书都十分方便，很受低年级孩子们的喜爱。

办图书馆式的学校，最大的难题便是书源。

虽然财政资金支持力度很大，但藏书楼本身的体量就很大，至今藏书楼还有一层闲置着，更何况开甫廊？于是我们想到了把开甫廊划分成若干区域，给各班包干的办法。每个区域都有班级负责放书、整理，各班、各区域轮流阅读。

与此同时，我们想方设法筹集书籍。

我们听说昆山市图书馆有很多书没地方放，于是在市文体广旅局闵局长和苏局长两任局长的牵线下，我们邀请了金磊馆长来校商谈，金馆长对图书馆式学校的办学方式很是支持，但他看了学校之后说："你们的体量实在太大，我馆儿童类读物也有限，恐怕是支持不了！"后来，我们便达成了在校门口增设智能书柜，以及在项脊轩西侧共建"昆山图书馆·项脊分馆"的事项。

我们继续向昆山市教育局和社管局求助。昆山市教育局发财科顾芳科长知晓后，先后几次把慈善总会书目捐赠给学校，每次量虽不大，但也积少成多。卿胜局长、顾勇副局长和龚建中委员都陆续给我们出主意，"办法之一是可以接受一些企业捐赠"。2020年9月底，昆山市政协吴卫东副主席率上海闵行参观团来校，吴主席说："我来牵线，帮学校解决一些困难。"不久，民盟企业江苏沁森智能科技有限公司、锦江公益基金会为震川小学慷慨捐赠书籍1488册，合计人民币67000余元。首批捐赠的书籍已放置于雪竹轩内。最近，昆山安盾网络科技有限公司也为学校捐赠了1000余册绘本，这些绘本被放置在承志堂内。

我总是想象着这样的一幅画面：在震川的校园里，藏书楼藏书满架，开甫廊书香四溢，孩子们挑选着钟爱的书籍，津津有味地品读，身上散发着书香之气，脸上洋溢着幸福的微笑……

广播操比赛

（2020年10月30日）

金秋十月，丹桂飘香；阳光正好，微风不燥。

为丰富学校的校园文化生活，促进学生的身心发展，今天下午，昆山开发区震川小学迎来了本校第三届广播操比赛。

虽然是小型比赛，但仪式不能少！各班学生代表身着整齐的校服，喊着嘹亮的口号，迈着矫健的步伐来到操场上，向全校师生展现了蓬勃的朝气，以饱满的精神、昂扬的斗志诠释了对运动精神的理解。升国旗、奏国歌，校领导致词、宣布开幕。

一年级的孩子们才入学两个月，也是第一次参加全校性的比赛，但是每一位孩子都精神饱满、斗志昂扬。他们的动作又萌又可爱，虽然没有整齐划一，但每个孩子都尽了全力！

二年级的孩子们容光焕发地步入赛场，在比赛中他们精神振奋昂扬、动作整齐划一，一看就是训练有素的孩子！

三年级是震川小学的最高年级，他们是震川校园里的大哥哥、大姐姐。他们用整齐的队形、有力的动作，一招一式，配上今年的新校服，展现了良好的精神风貌！

比赛虽小，但意义不小。通过此次比赛，不仅检验了学校的广播操教学成效，促进了学校阳光体育的进一步展开，而且增加了学生的集体荣誉感，培养了学生的组织纪律性，展现了震川小学追光少年的形象！

2020年是不平凡的一年，我们目睹了病毒的无情，也见证了祖国的强大。少年强则国强，希望广大师生积极参加身体锻炼，踊跃投入体育活动，锻炼自身强健体魄，磨炼自身坚强意志！

11月

第一届少先队大队委竞选

（2020年11月3日）

本学年开始，我们每个月都会发布当月《工作简报》，主要是根据学年总体工作目标，既总结过去一个月各科室在工作上的得失，又谋划下个月主要工作任务。

"十一"长假过后的一次校长办公会议上，陈丽娜主任在谈到德育处主要工作时说，她和丁志洁副校长已进行过初步讨论，拟开展震川小学第一届少先队大队委竞选。我们都吃了一惊：全校最高年级才三年级，学生能行吗？陈主任说："能行的！孩子们总得锻炼锻炼！我们先拿出几个岗位来竞选，方案会在我们下次办公会议上提交上来，供大家讨论。"

第二周的办公会议上，陈主任提交了方案。

根据方案，第一届少先队大队委竞选岗位共4席，分别是大队长、副大队长（兼安全委员）、宣传委员、劳动委员。竞选对象为二、三年级各中队的少先队员。

竞选共分3轮进行：

第一轮：符合参选条件的队员可以向各班中队辅导员自荐，也可以由中队辅导员推荐，经各班中队全体队员投票产生1名中队候选人。

第二轮：各中队候选人填写"竞选少先队大队委登记表"，上交德育处。由德育处和大队部进行初选，并公布参加最后一轮竞选的队员名单。

第三轮：大队部组织各岗位候选人进行竞选演说，时间不超过2分钟（演说内容：个人情况、竞选岗位优势和竞选宣言，以及今后的工作打算）。候选人制作竞选海报，在学校大厅展示。届时学校将组织线上投票，根据投票结果，并结合综合考评，选出第一届少先队大队委。

大家一致觉得方案可行，说干就干。

10月18日，12名竞选候选人工作简报在学校开甫廊发布。

10月19日—24日，大队部通过学校微信公众号分6期推出与12位竞选候选人相关的情况，获得广泛关注。

10月27日下午，大队部在追光剧场组织开展了震川小学第一届少先队大队委现场竞选活动，并通过网络进行现场直播。12位候选人站在追光剧场的舞台上慷慨演说，尽情地展示着自己的才艺，将追光少年的自信与风采展现得淋漓尽致。

10月28日—31日，校内、校外（网络）投票。

11月3日，大队部在集智堂隆重召开震川小学第一届少先队大队委成立大会。薛雨泽当选大队长，熊思琪当选副大队长兼安全委员，金裔潭当选宣传委员，张蒴乐当选劳动委员。会上还宣布了第一届少先队大队委干事名单，并成立了校园文明监督岗。

至此，第一届少先队大队委竞选顺利完成。少先队大队委成为震川小学少先队员自我管理、自我建设的一支重要力量。

"孩子的潜能是无限的""要相信孩子"。我想，我们的教育应该始终秉持这样的信条，这样孩子的未来才能更丰富多彩！

小事不小

（2020年11月6日）

"绿水青山就是金山银山"，垃圾分类，虽是小事，却事关重大。

苏州从2020年上半年开始正式实行垃圾分类，近半年，推进迅速。作为学校，我们应当怎样来做好这项工作呢？

第一，争当垃圾分类的宣传者。我们要积极参与垃圾分类宣传，认真掌握生活垃圾分类知识，积极树立并传播"垃圾分类，源头减量""生态文明，从我做起""低碳生活，绿色发展"的生活理念，主动做垃圾分类知识的宣传者、文明生活理念的倡导者。学校师生在中大·简界小区设立追光垃圾分类点，正是用行动去感召身边的每一位居民，让垃圾分类家喻户晓、深入人心。

第二，争当垃圾分类的践行者。积极参与、主动践行，严格按照生活垃圾分类标准，从我做起、人人参与，积极做好厨余垃圾、其他垃圾、可回收物、有害垃圾的分类收集和定时定点投放，让主动分类、自觉投放成为生活习惯和行为自觉，通过身体力行影响身边人共同参与到垃圾分类活动中，真正让垃圾分类走进我们的生活。学校已正式实行"三定一督"制度，望每一位师生和员工都严格遵守，让垃圾分类真正落实到位。

第三，争当生活垃圾分类的推进者。积极主动为垃圾分类工作建言献策、群策群力。积极推动垃圾分类活动，争当垃圾分类志愿者，推动生活垃圾分类收集、分类投放、分类运输、分类处理，主动监督全流程垃圾分类，及时劝导、勇于抵制垃圾乱扔乱倒和混装混运等不文明行为，以实际行动带动身边人参与到生活垃圾分类中来，共同营造垃圾分类人人有责、人人参与、人人受益的良好氛围。我们的教职员工要做好分类表率，我们的震川小学子要发挥"小手牵大手"的作用，大家争做垃圾分类推进者。

"建设生态文明，是关系人民福祉、关乎民族未来的长远大计。"让我们坚持从自身做起，从身边点滴小事做起。在食堂，主动参与"光盘行动"；在校园，严格按照垃圾分类标准，做好垃圾的分类投放工作；在家里，主动做好并带动家人及小区居民共同做好垃圾分类工作，做新风尚的模范践行者。

菊窗轩

（2020年11月9日）

归有光曾撰《菊窗记》。

"菊窗"原是归有光的友人洪悦之书斋名。其址"去安亭二十里所，曰钱门塘"。其"地平衍，无丘陵，而浦之厓岸隆起，远望其居，如在山坞中"。洪悦的住所周边景色很美，"隐然如统《乐志论》云。而君家多竹木，前临广池，夏日清风，芙蕖交映，其尤胜者"。虽景色绝胜，然"君不取此，顾以菊窗扁其室"。洪悦之所以取名菊窗，"盖君尝诵渊明之诗云：'酒能祛百虑，菊能制颓龄。'又云：'我屋南窗下，今生几丛菊'"。

洪悦"有仲长统之乐，而慕渊明之高致"，害得归有光不能测其人也，所以他"将载酒访君菊窗之下，而请问焉"。

菊窗意境之美，震川书院之内必然得有一地方以此命名。于是，我们的餐厅取名菊窗轩。

菊窗轩南北走向，从开甫廊折西而入。首先映入眼帘的是霍国强先生手书"菊窗轩"三个字，名墙设计古拙，下有菊花，上有半窗，有菊窗之意。向内而望，若隐若现。名墙之左手，墙面悬放着震川先生之《菊窗记》全文。

轩内的设计以新中式为主。当时，设计图纸也是几易其稿，总不如愿。我于是叮嘱设计师："'是学校，也是图书馆'是震川小学之重要建校理念之一，菊窗轩也应是图书馆式的模样。同时，座位样式不可拘泥于一，要形式多样，既可以独坐，又可以双人对坐，办公室六人一起亦可。当然，也要为教研组、年级组的研讨留有空间。"于是，菊窗轩便有了现在的模样。设计师还预留了一个内间，取名"见南阁"（取自归有光《见南阁记》），是专门辟给教研组、年级组探讨交流之用的。

菊窗轩于2020年1月正式启用。

环境宜人，菜也可口，方配得"菊窗"之名。好在我们的厨师厨艺很高，当初菊窗轩可以提供早餐的阶段，厨师每天烧着不同口味的美食。尤其是饺子与红汤面，着实好吃，大家都交口称赞！后来，朱庆主任说："我去采购一些面碗，这样吃面更有感觉。"果真，在菊窗轩吃面开始有了奥灶馆的意境。

菊窗轩的午餐也是每日不同的，我们要求菜式营养搭配、荤素搭配、颜色搭配都须均衡合理。菜品上去以后，盛燕副校长和朱庆主任开始寻觅餐盘。袁枚在《随园食单》上说："美食不如美器。"菜肴出锅，该用碗的就要用碗，该用盘的就要用盘，"煎炒宜盘，汤羹宜碗，参错其间，方觉生色"。工作半晌，静坐于菊窗轩内，细细地品尝美食，间或与好友聊聊天，半日劳累顷刻消散。更有的老师，午后留在轩内品茗、看书、写作、办公，菊窗轩此时俨然成了图书馆。

后来，听说震川的菊窗轩成了昆山教育的"网红景点"，大家都想来校"一睹轩容"，或者能在菊窗轩内享用午餐。其实，大家期待的或许就是能在繁忙的工作之余有个身心放松的空间，以便午后更好地工作。

——而中午的菊窗轩可能就是这样的一个存在。

藏书楼来了新朋友

（2020年11月11日）

今天,藏书楼来了个大家伙,孩子们都很兴奋。

它有着雪白的身体,Z字形的线条,十分优美,身上还挂着一块大屏,孩子们亲切地唤它"大白"。通上电后,大白开始工作了,大屏上显示出各类书籍。原来,大白是一款大型电子书阅读机!

不要看大白长得不胖,肚子里却有很多真材实料呢!电子阅读机内预装了上万册正版图书,内容涵盖精品推荐、儿童文学、经典名著、成功励志、小说传记、政史军事、文学艺术、科学技术、亲子育儿等各个方面,涉猎极其广泛。

"只要轻松扫一扫,就能把图书馆带回家。"管理员说,"大家可以随时随地乐享阅读之趣。"电子书阅读机是一款纯自助电子书籍阅读机,拥有智慧型自助借阅系统。教师和同学们可以使用手机、平板电脑等,在电子书借阅机屏幕上选择心仪的书籍,扫描图书封面二维码,便可将该书全文下载至手机或平板电脑上,并可离线存储,随扫随读。

和电子阅读机一起配置的还有20台墨水屏电子书智能电子阅读器。这些电子阅读器被放置于藏书楼三楼的陶庵厅,以供教师课后休闲阅读。

科技的发展带来阅读方式的变化。"互联网+"助力藏书楼实现智能化服务,让服务更加高效、便捷,广大师生参与感、体验感、获得感也明显增强。"互联网+"新技术的助力和驱动,实现了借阅方式由"传统"向"现代"的转型升级。

微信榜单

（2020年11月12日）

今天，我们的朋友圈被昆山教育发布的《刚刚！昆山教育系统10月微信榜单公布！》的推送所刷屏。震川小学2020年10月共发文34篇，阅读共计75762人次，头条70535次，平均每篇阅读达2228人次，在看1049次，点赞1177次，WCI指数是798.11。稳居全市各类学校第一！

10月13日是建队纪念日，学校开展了"追光少年展风采，大队竞选我最行"系列活动。10月14日，学校推送《追光震川》《追逐红领巾，争做好队员》。从10月19日起学校微信公众号每天推送一期少先队大队委竞选专辑，连续推送6期，给每位参加竞选的队员一个展示自我的平台。此系列推送质量高，阅读量、点赞量、在看量均获得新高，为学校在全市10月份微信榜单拔得头筹做出了很大贡献。

微信榜单是根据WCI指数来评判衡量的。

WCI指数全称是微信传播指数，是由原始数据通过计算公式推导出来的标量化数值，是中国新媒体大数据的权威平台清博指数数据团队考虑各维度数据后得出的综合指数，相较其他指标而言，更能权威地反映微信公众号的整体传播力和影响力，也是目前应用最广泛的微信传播力的评判标准之一。WCI指数越高，反映出该微信公众号整体的传播力越强，影响力越大。

根据WCI计算公式，可以看出影响WCI指数的因素主要有：评估时间段内所有文章的阅读总数（R）、评估时间段内所有文章的点赞总数（Z）、评估时间段内账号所发文章数（n）、评估时间段内账号所发文章的最高阅读数（Rmax）和最高点赞数（Zmax）等。

由此可见，要提升微信的传播力，必须要在微信阅读量、点赞量、在看量、发文总数等方面进行加强。其关键在于文章质量及传播力度。2020年10月学校之所以获得全市第一，我想，推送质量高是第一因素，各位老师的大力转发是第二因素，两者缺一不可。

2020年上半年，受疫情的影响，我们度过了超长的寒假。其间，丁志洁副校长和雷鸣主任携微信制作团队做的每日一推，是暗淡的疫情期间的一道亮丽彩虹。下半年，我们成立了融媒体中心，微信推送更加有序、规范，制作也更精美，但有时微信阅读量和点赞量都有待提高。

阅读、转发与点赞既是对微信制作团队的肯定，也是对学校工作的支持！

我们需要怎样的"光盘行动"?

（2020年11月16日）

"光盘行动"实施有一段时间了。前一阶段我几乎天天去学生餐厅，但总感觉哪里不对劲。那天，食堂王娜丽焦急地、惋惜地告诉我："校长，今天学生吃大虾，倒掉了40斤！"

大家没听错，倒掉了40斤虾，而且这40斤虾还没有打在学生的餐盘里！

而后，我们在校长办公会议上也进行了讨论：为什么会倒掉这么多？我们究竟需要怎样的光盘？

光盘行动的初衷是节约粮食、反对浪费，那为什么我们的"光盘行动"反而会增加了浪费呢？原因就在于：光盘要考核→考核要称重→打得少，倒掉的饭菜也就变少了→学生向阿姨提出少打饭菜的要求→老师对学生提出的少打饭菜的要求予以默许。

其结果是，有的孩子为了光盘，把本该吃的饭菜放弃了，本该吃得多的现在吃得少了，虽然班级桶里的剩饭、剩菜少了，但整锅新鲜的饭菜被留在了打菜阿姨的盆里，最后原封不动地倒掉，造成了更大的浪费！

这样的"光盘行动"已经与我们的初衷背道而驰，必须坚决予以纠正！

最终，我们达成了共识："光盘行动"必须是在正常打餐的基础上倡导的！在孩子们吃饱、吃好的基础上倡导！一方面，学校规定每一位阿姨必须要给孩子们正常打餐，孩子们出了餐费，必须打足餐费的量；另一方面，我们要求班主任老师加强对孩子们的宣传教育，粮食来之不易，尽可能不要浪费。但是，遇到身体确实不适者，允许适当浪费。同时，学校对称重考核予以调整，只要是在一定的量之内，均予以肯定。

这几天，食堂终于恢复了平静。孩子们能静静地在餐厅吃完，桶里的剩饭虽然比之前多了一点点，但总体的浪费越来越少，孩子们也越来越珍惜粮食，这才是我们要的"光盘行动"！

翰墨震川抒情怀，书法写意话传承[1]

（2020年11月17日）

尊敬的各位书法名家，各位家长，亲爱的同学们、老师们：

大家上午好！

500多年前，一代散文家归有光出生。据传，归有光出生之时，其祖父的承志堂前出现一道虹光，于是其祖父为其取名为"有光"。今天，我们也同样聚集在承志堂前，各位书法名家及嘉宾的到来，也仿佛是承志堂前的一道光，使得震川小学蓬荜生辉，也使得此次举办的"翰墨震川抒情怀，书法写意话传承"活动更加富有意义！在此，请允许我代表震川小学全体师生对各位领导、各位书法家及朋友们的到来表示热烈的欢迎和衷心的感谢！

震川小学于2018年9月建成并投入使用，是全国唯一用归有光之号命名的小学。学校以"着力打造具有震川精神浸润的高品质基础教育学校"为办学目标，把"追光文化"作为学校校园文化主题，其中，"追"为探寻、追求之意；"光"则有两层含义：一是指先贤归有光，二是指光明、光亮，代表具有正向价值的人和事。由此，"追光"既指追寻归有光先生的足迹，学习其精神，仰慕其文章；又指不断向光明的、正向的价值迈进。我们恪守"追贤慕德，有光于心"的校训，努力营造"质朴质真、思贤思齐"的校风，"正心正行、博学博喻"的教风和"自主自得、实学实用"的学风。学校以"培育心正情真、笃学崇实、知行合一的现代小公民"为育人目标，坚持"是学校，也是图书馆"的理念，努力建设一所在苏州乃至省内外具有一定影响力的图书馆式学校，不断提高办学品位，形成独特的办学风格。

建校两年多来，震川小学初步形成了以"一楼、一廊、一轩，一庭、一馆、一园"为学校主要文化景观的震川六景格局。一楼，指震川藏书楼，三层的藏书楼如今已书香充盈，成为师生最向往、最喜欢的地方之一。一廊，指开甫廊，从南到北百余米，从雪竹轩到梦鼎堂，从承志堂到杏花书屋，是孩子们最重要的读书活动场所之一。一轩，指菊窗轩，是老师们的用餐及休闲场所之一。一庭，指校园中庭，我们取名为"也是庭"，中间立有"是学校，也是图书馆"八个大字，体现了学校的办学理念。一馆，指归有光纪念馆，内设纪念馆主馆、项脊轩及昆山图书馆·项脊分馆。今年，归有光纪念馆即将竣工，今后，该纪念馆将向社会开放，将成为青少年综合实践活动基地之一。一园，是我们的屋顶花园——震川园，我们已完成前

---

[1]此文是笔者在"中国书法进校园"（第77期）活动仪式上的讲话稿。江苏省书协副主席、苏州市书协主席王伟林与昆山市书协荣誉主席俞建良、昆山市书协主席王金春等10多位书法家参加活动，并为学校留下了墨宝。

期的准备工作，明年将设计建造主体花园及附属菜园，让震川园成为师生的劳动实践基地。

在建设校园文化特色的过程中，我们越来越认识到，书法作为人类艺术殿堂中的一朵奇葩，在传承和弘扬中华民族优秀传统文化、丰富校园文化建设、完善学校教学体系等方面，具有独到的功能与作用。这次中国书法进校园暨"十月书会"书法展活动，让我们有机会与一流的书法家"零距离"接触，对学校师生提高书法艺术水平、加强和改进学校校园文化建设，必将起到重要的推动作用。我们将充分利用好这次机会，使书法创作这一民族艺术的瑰宝在学校师生中得到推广，以营造更加良好的校园文化氛围，为实现"打造特色品牌，构建和谐校园"的办学目标奠定扎实的基础。

最后，预祝本次活动取得圆满成功！祝大家身体健康、万事如意！

谢谢！

雪竹轩首批图书捐赠仪式上的讲话

（2020年11月18日）

尊敬的吴主席、龚委员[1]，各位来宾，老师们，同学们：

大家好！

今天是个特别的日子，江苏沁森智能科技有限公司、锦江公益基金会"书香满震川，你我携手行"图书捐赠仪式在学校充满书香的开甫廊隆重举行。首先请允许我代表震川小学全体师生向参加捐赠仪式的各位领导和来宾表示热烈的欢迎！

震川小学开办于2018年9月，学校坚持"是学校，也是图书馆"的理念（既是震川小学，又是震川书院），努力建设一所在苏州乃至省内外具有一定影响力的图书馆式学校。

两年多来，学校已将三层的震川藏书楼打造成书院的核心藏书点，藏书楼内"世美堂""会文厅""长兴阁""文渊阁""山舍书廊""陶庵厅"等，已书香充盈。这两年，学校购置的4万多册图书已置于其中，藏书楼已渐渐成为师生最向往、最喜欢的地方之一。从南到北百余米长的开甫廊则是开放式的藏书点。从雪竹轩，到耐斋，从承志堂到杏花书屋，是孩子们最重要的读书活动场所之一。

如今，震川的校园已书香飘散，震川的孩子们也渐渐迷上了阅读。

但是，受经费的限制，学校的藏书点空置很多。2020年10月，昆山市图书馆给孩子们送来了智能书柜，同时也送来了昆山图书馆·项脊分馆，今天，江苏沁森智能科技有限公司、锦江公益基金会为震川小学慷慨捐赠书籍1488册，合计人民币67000余元。这些捐赠的书籍将被放置于雪竹轩内。

雪竹轩，是归有光的友人冯山人的一个书房，归有光曾为其撰文《雪竹轩记》，如今，书籍放置其中更有意义。相信，雪竹轩一定会成为震川师生向往的另一个读书场所。

最后，让我们再一次用热烈的掌声向江苏沁森智能科技有限公司、锦江公益基金会的朋友们表示衷心的感谢！向关心学校发展的各级领导、热心企业、媒体记者表示衷心的感谢！

谢谢！

---

[1]昆山市政协副主席吴卫东、市委教育工委委员龚建中参加活动，并共同为雪竹轩揭牌。

成长

（2020年11月20日）

昆山市"百节优秀课"教学评比是含金量很高的一场教学大赛。全市各学校、各学科均可报名参加。一位选手要获市级奖，必须先由学校推荐，然后参加区级比赛，出线后再参加市级比赛；获一等奖就更不容易了。

今天，从赛场传来了好消息：沈崇旖老师获昆山市百优课评比小学语文组一等奖，包玲玲老师获昆山市百优课评比小学英语组一等奖，徐少骏老师和马亮老师分获市百优课评比小学数学组、小学体育组三等奖！

另外，郑芳芳老师在昆山市科学与信息技术整合课比赛中也斩获一等奖！

这些成绩的取得，对于刚刚起步的震川小学来说实属不易。成绩的取得，带给老师的不仅是荣誉，还是成长！收获的是教学路上不可多得的一笔财富！

沈崇旖老师在参赛后说："说实话，虽然我已经工作9年了，但在教学上我没有遇到过真正的老师。城北小学的老师们很热心，我工作的第一年，大家都很乐意告诉我该做些什么，我很感谢他们。但可惜的是，没有人来告诉我怎样做才会更好，只能靠自己摸索。然而来到了震川小学后，在一次市级百优课比赛中，我有幸遇到了两位良师——顾主任和袁主任。磨课的过程虽是艰辛的，但也是美妙的。顾主任和袁主任在指导我的同时，他们俩的思想火花也在碰撞。他们对于文本的精确解读、深入挖掘让我受益匪浅。而更为打动我的是，他们对于学生的真心喜爱。每当课堂上学生有出色的表现时，他们俩总会不约而同地露出欣慰的笑容，真心替答题的孩子高兴。记得顾主任一直和我反复强调：'要相信你的学生！'是啊，相信他们，喜爱他们，才能真正爱上教师这个职业，才能和自己的学生相伴而行，笑声不断。"

包玲玲老师说："2020年是我到震川小学的第一年，我感受到了震川领导们负责的工作态度，也感受到了青年教师们的蓬勃活力，还感受到震川的磨课氛围真的很好，每一位教师都不是在孤军奋战。"震川小学英语组在袁懿芳老师的带领下，展现出了强大的团队凝聚力。李莉老师和刘光老师的倾力出谋划策，郭陆方圆老师精湛的课件制作技能，邓娅丽老师细致的后勤服务，美术组王琳老师和叶樱老师精美的板书制作，学校搭班老师无怨无悔的鼎力支持，一起成就了这个一等奖！

郑芳芳老师在回顾科学与信息技术整合课比赛时说："说课，对于经验缺乏的我很具有挑战性。最后在雷鸣老师的指导下，我把台下学生都想成是非常优秀的学生,把自己要讲的话一字一句写下来,不断读、改。在练习中我总是激情四溢,越紧张声音越大,且语速偏快,当时内心总感觉哪里不对劲。后来,在试练中雷老师的一句话让我印象特别深。雷老师说:'郑老师,上课要有亲和力。'亲和力三个字深深点醒了我,经过调整,我的心态更加平和、沉稳。没有雷老师的指导,就没有这个一等奖。"

成长,是我们青年教师的永恒主题。现在大家参加各类比赛,各学科骨干教师可以倾力帮衬,但是大家要记住,"外因只是一个影响,真正起决定作用的是内因。真正的成长是个体的事情,而不是群体的事情"。群体会成为一种力量,可以相互切磋、相互启发。我希望震川就是这样的一个群体。

但是,每个人的成长最终还是要靠自己!

"项脊之光",我们的党建品牌

(2020年11月23日)

2020年年初,学校为进一步增强党建工作的创新动力,打造具有震川特色的党建品牌,集思广益,面向全体教师公开征集震川小学党建品牌名称。教师们结合学校"追光文化",献计献策,积极反馈,提炼和总结能够体现学校党建特色和震川精神的党建品牌名称,最后经党支部讨论决定,确定"项脊之光"为学校的党建品牌。

震川小学以归有光先生之号命名。归有光一生坎坷,青年时"履试不第",潜心读书。明代科举场上舞弊之风甚盛,虽不重唐代的行卷之习,但多以宗师和大官僚的提携作为仕进的重要捷径。归有光久困场屋,对这一科举内幕应是十分明了的。可是,他却绝不靠旁门左道跻身仕途,耿介正直,不事权贵,"卒守正不一往",身上彰显了读书人的清风傲骨。

归有光晚年得以入仕,年已六十,虽被派往偏远的长兴当知县,却能坚守本心,知难而上。到任后,他兴办学校,培养后进,教化百姓;整治恶吏,平反冤狱,维护正义。担任知县期间,他政绩显著,深得百姓爱戴。

归有光的文章被称为"明文第一",其人被称为"今之欧阳修",实属不易,因其与当时流行的浮饰摹古风气格格不入,一直不得志。明代崇尚摹古,过分雕饰,归有光却不随波逐流,坚持本心,反抗潮流,作文不事雕琢而自有风味,情真意切而亲切自然。

归有光一丝不苟,兢兢业业,著作颇丰。其中,为解决太湖流域的水患问题,深入研究前人留下的水利资料,实地探访,著《三吴水利录》,可谓"为官一任,造福一方"。

以"项脊之光"为学校的党建品牌,一是引"项脊"的字面含义,正项正脊,方能正身、正心、正行;二是将归有光先生的精神凝练为项脊精神,逐"光"之步,立"光"之志。以"项脊之光"为名,旨在勉励全校师生追随归有光先生的步伐,树立和归有光先生一样伟大的志向,继承先生高风亮节的风骨。

那么,我们该如何积极创建"项脊之光"党建特色品牌,引领学校各项工作有序发展呢?

第一,以"项脊之光"引领全局发展。

学校将"追光文化"和"震川精神"相结合,确立"项脊之光"为学校的党建品牌。学校坚持"是学校，也是图书馆"的办学理念，既办震川小学，又办震川书院。恪守"追贤慕德，有光于心"的校训，努力营造"质朴质真、思贤思齐"的校风，"正心正行、博学博喻"的教风和"自主自得、实学实用"的学风，着力打造具有震川精神浸润的高品质基础教育学校，不断提高办学品位，形成独特的学校风格。

第二，以"项脊之光"引领意识形态。

发挥"项脊之光"党建品牌引领作用，切实做好意识形态工作是不断开创学校意识形态工作新局面的强大助推剂。打造"项脊之光"党建品牌，坚持将意识形态工作同其他工作同部署、同落实，是新形势下学校党建工作求发展的创新之路。"项脊之光"党建品牌将旗帜鲜明地为学校发展注入活力，引导党员干部坚定理想信念，推动主流意识形态不断巩固壮大，发挥好党员先锋作用，使党的创新理论有效转化为党员的自觉行动，再由党员辐射全校，让理想信念的明灯永远在震川人心中闪耀。

第三，以"项脊之光"引领校园安全。

校园安全是学校所有工作有序开展的基础，学校将"项脊之光"的精神深入校园安全工作的每一个层面，建立健全人防、物防、技防管理制度，以高度的责任心和危机感狠抓安全责任落实，形成系统的预防、管控与处置校园安全风险的长效机制。牢固树立隐患就是事故的意识，及时排查安全隐患，做到关口前移，防范在前。不断增强师生安全意识，组织师生安全演练，提高师生逃生避险的能力。构建学校、家庭、社会三位一体安全工作机制，努力营造一个安全、文明、健康的育人环境。

第四，以"项脊之光"引领队伍建设。

强化教师职业理想追求，使广大教师的教育观念、教育方式、教育行为及角色意识等符合时代要求。促进全体教师成为知识的传递者、道德的引导者、思想的启迪者、心灵世界的开拓者及情感、意志、信念的塑造者。实现教师全面、自主和可持续发展，切实提高教师队伍的整体水平。构建"合格型教师—胜任型教师—成熟型教师—专家型教师"的名师培养体系。通过分步实施、分期举荐、分层培养，努力打造一支师德素养高、课改理念新、教学业务精、科研能力强的优秀教师队伍群体。

第五，以"项脊之光"引领学生成长。

培育心正情真、笃学崇实、知行合一的现代小公民是学校的育人目标，基于此目标，学校确立并坚持"是学校，也是图书馆"的办学理念，勉励全校师生共同实践这种优秀的阅读精神。学校以"项脊之光"精神为指引，从信念、品德、气质、素质、精神、体魄上全方位培养学生，通过组织各类社团活动和"无边界"阅读，着力培养学生的兴趣、心正情真的道德品质、笃学崇实的学习态度、知行合一的学习能力，进而培育出一批高水平、高质量、高层次的小学生。

第六，以"项脊之光"引领特色发展。

确立以特色促进发展，以特色打造品牌的发展思路，依托学校自身优势，以"一静一动"为特色建设内容，全面启动特色发展工程。以"三横（学生、教师、家长）三纵（阅读、交流、展示）"为抓手，打造"震川书院"品牌；围绕文化艺术、科技实践、体育健身组织开展不同类别的社团活动，促进学生艺体素养的提升。努力形成以文化引领学校各项工作开展的新局面，提高学生的思想道德、文化水平、劳动技能和身心素质，促进学生健康发展，引领学校不断向特色名校的方向迈进。

第七，以"项脊之光"引领家校合作。

学校教育和家庭教育的有机结合是孩子成长的关键，每个学生都来自不同的家庭，每个家庭的环境都不一样，家长的素质、教育方法都会对孩子的思想道德产生不同的影响。学校建立的三级家委会网络在"项脊之光"党建品牌的引领下，有效开展护学岗活动、读行会活动、志愿者活动等，提高共育热情，研究家庭教育与学校教育共建规律，有的放矢，通过家校携手，提高家庭教育与学校教育的一致性。家校合作，引领着学校、教师和广大家长，成就孩子美好人生，共育孩子美好未来。

第八，以"项脊之光"引领创新服务。

"项脊之光"不仅是一种先进理念的凝聚、一种教育价值的体现，也是一种服务创新的结果。教育的服务性特点，在某种程度上彰显着学校品牌，促进学校发展。积极树立主动化、精致化、科学化、人本化的服务理念，更好地服务学生、家长。了解学生的心声，根据学校工作的实际，创新服务渠道，转变服务理念，增强服务意识，切实提高服务质量和水平，同时，通过不断丰富的服务内容，赋予服务新内涵，增强队伍的凝聚力和向心力，以优质的服务增强学校的品牌实力。

我们要积极打造"项脊之光"党建品牌，坚持以党建工作引领学校中心工作，将打造过硬党员队伍作为师德师风建设核心工作，紧密围绕校园文化特色树立党建文化品牌，早日把震川小学办成具有震川精神浸润的高品质的基础教育特色名校。

班主任初体验

（2020年11月25日）

今天，"震川论坛"又一次开讲了。此次论坛的主题是《班主任初体验——追寻呵护花朵的教育艺术》。会上，胡嘉仪、徐敏慧、张京京、苏运航、吴成君5位新任班主任交流了心得与体会。

胡嘉仪老师担任一（4）班班主任，新老师加上新学生，一切都是新的。她说："从开学初到现在，短短3个月的班主任工作给了我许多锻炼，我也从中有了不少心得体会。在班级管理中，我发现表扬有时比批评更管用，榜样的力量是巨大的。要潜移默化地给孩子们灌输班集体的概念，集体荣誉感十分重要。同时，家校沟通也是班主任工作中必不可少的一环，只有家长配合、家校合作，才能使教育工作事半功倍。"

徐敏慧老师担任一（10）班的班主任，刚带班时有些手足无措，但通过一段时间的历练，她便适应了。她在班级常规上要求每个孩子都要管理好自己的小天地，按明确指令进行活动。在日常与学生的相处中，对于敏感或接受能力较弱的孩子，她耐心地指导他们，通过观察，倾听他们的诉求，及时帮助他们解决了难题。平时她与孩子们相互分享生活中有意义的事情，拉近和他们的距离，以心换心。

张京京老师是二（9）班的班主任。她讲述了从不熟悉到熟悉再到喜欢孩子的经历。她说："孩子们各有特色，班主任就得是'百变大咖'，这是我初为班主任最深的体验。班主任首先是教师，其次是班级秩序的管理者、学生生活琐事的德育者、学生矛盾的调解者，是学生成长道路上的领路人。做好班主任要有一个长期良好的心态，要不断丰富自己多方面的知识。身为班主任，心中要拥有太阳，洞悉学生的心理，对学生动之以情、晓之以理、持之以恒，班主任工作就会做得更好，我们的学生就会自尊、自立、自律、自强。"

苏运航老师带的三（6）班，也是比较有个性的一个班级。男老师带班自有一套方法，苏运航老师说："第一次做班主任的经历让我收获颇多，与此同时，我也学会了如何和学生相处及如何和家长沟通。我积极和家委会成员进行沟通，在沟通中了解到每一位学生的基本情况，在此基础上对班级进行良好的管理。我也积极向有经验的班主任请教一些问题，这些经历也使我得到了快速的成长和提升。"

吴成君老师是三（9）班的班主任，她说："初为班主任，内心焦虑不安！三个月的经历，我发现班主任工作需要做好三个方面：了解每一个学生，对学生的爱与批评要恰如其分；及时与家长沟通，获得家长信任；与副班和任课教师做好协同工作，共同管理班级。班主任之路漫漫，用心方能不断成长。"

大家都谈得非常好。新学校的特征之一，就是新教师多，今天德育处举办这样的论坛我觉得非常有实际意义。而新教师要站稳讲台，两项工作是必须要抓好的：一是学科教学，二是教育工作。对于班主任而言，便是班级管理。今天，五位初任班主任的讲述定能引起大家的共鸣与思考，班级管理的方法有很多，但我们要真正管理好班级，最重要的，我想应该是心中永远装着学生！

学生，永远是学校的中心！

12月

食堂的新变化

（2020年12月3日）

  天气渐冷，孩子们的午餐又出现了新问题。其中最大的问题，自然是汤的变冷速度加快，导致有一些孩子不能喝到热汤。时间一长，恐怕会对孩子的健康造成影响。

  老师们很着急，我们也很着急。如何让每一个孩子都喝上热汤？我们开始尝试解决之道。

  经过观察，我们发现第一批次学生吃完午饭大约在11：30左右，接下来阿姨等孩子们整队离开食堂，然后马不停蹄地擦桌子、摆汤碗、打汤，虽然是分工进行的，但6个阿姨要完成这一套流程，劳动强度很高，整个过程要15分钟左右。所以，虽然第二批次的学生有的在11：40已经等在门口，但真正打到饭则是在5分钟之后了。而到最后一批学生打好饭，之前打的汤已经有些凉了！

  孩子是学校工作的中心，凡是有利于孩子健康成长的，我们都要努力去做！

  有老师提出，让老师们来打汤，阿姨负责擦好桌子、摆好碗，就可以着手打饭了，而老师们与学生同步进食堂，学生打饭，老师打汤，这样孩子们喝的永远是热汤！

  这样试行了几天，冷汤问题迎刃而解了！

  但之后，又出现了新问题。由于之前每个班都是吃完了一起整队离开食堂，所以全班几十个人都在等几个吃得慢的学生，虽然大部分学生吃好了，但食堂里还是人头攒动，阿姨也无法进行擦桌子等工作。两个批次的班级在吃饭时间的衔接上，仍存在一定的问题。

  能不能让孩子们吃完了就离开食堂？这样安全上面会不会有问题？

  总得试一下。11：25，第一批次的孩子们陆续吃完离开食堂，有的在开甫廊看书，有的在操场散步嬉戏……孩子们高兴极了，因为在这个时候，他们感觉整个校园都是他们的！是的，如果因为担心安全而限制孩子们的活动，那么他们的校园生活该是多么枯燥乏味。以后孩子们到社会上，还能有什么作为？

  然而，很多学生喜欢在单双杠那里玩，爬上爬下确实有安全隐患，于是我们又决定，每日的行政值班人员，陪完餐后到操场护导，同时增派两名保安，务必给孩子们提供安全的活动环境。班主任再加强教育引导，安全问题也就迎刃而解了。

现在，我们再去食堂看，第二批次的孩子们可以在11:35分打到饭菜了，整整提前了10分钟。

饭菜是热气腾腾的，用餐环境是安静有序的，卫生状况是良好的，菜是美味的……

虽然我们加大了教师和员工的工作量，但看到孩子们的笑容，这些都是值得的。

震川园

（2020年12月10日）

昆山市区东大桥北堍有一个公园，名曰"震川园"。当年我住在正阳桥附近时，晚饭后便喜欢沿着娄江的木栈道散步，经常会去震川园。园内有一雕像，下面刻着归震川的名字。那是我对归震川的最初印象。

没想到的是，后来我能到一所以他的名字命名的新学校——震川小学工作。

有一次，我和顾晓波校长一起巡视校园。到了四楼，顾校跟我讲："我们学校还有一块未开垦的宝地！"我忙问："在哪里？"他指了指博学楼顶。那时，到博学楼顶还没有通道，我们俩便拿了梯子，翻了围墙，爬了进去。

上去一看，哇，果然好大的一块空地！南北走向近200米，上面开着各色的花，也长着各类的草。我说："这样荒着怪可惜的，可以开辟出来建园种花、种菜，用作孩子们的劳动基地！"顾校长说："今年没钱了，明年有钱了再做打算吧！"

2019年9月，顾晓波校长调任世茂小学担任一把手。开学后，我跟朱庆主任说："空中花园得尽快弄起来！其他学校想找地都找不着，我们有这么大的一块地，得用好！"朱主任说："面积太大了，2600平方米，做明年预算的时候，看能不能争取一点经费吧。"

一晃到了2020年6月，当时我们正讨论震川六景的规划，"一楼、一廊、一轩、一庭、一馆、一园"已初具雏形，该给"一园"取个什么名字？我的脑中忽然跳出了"震川园"，就把空中花园叫震川园吧！

震川园共分3块，以追光厅、藏书楼顶那块最大，再往北的两块面积相仿。我建议最大的那块建花园，可作为平时休闲阅读区域；北边两块建菜园，让老师和孩子们一起来劳动种菜。大家表示赞同。

2020年暑期，由于长期没人打理，屋顶已是杂草丛生。我们于是着手建园的前期工作，开入园通道，清除杂草，建门，三部分打通，四周加高围栏。同时，在园内铺设木道或石板道。到了9月，震川园已经比较齐整了。朱主任说："现在学校没钱了，花园先缓缓，到时好好设计再建。先把土松一下，就可以种菜了。"我说："好，可以按班级进行划分，每班一块菜地，让孩子们体验种菜的辛苦与快乐！"

震川园

  10月下旬，暑气褪去，各班的孩子们在家长的带领下开始耕种。各班的菜园也取了各式的名字，"阡陌园""悠然农场""乐游园""一米菜园"等，都饱含着孩子们的期待。松土、播种、浇水、施肥，菜园里每周都能看到孩子们的身影。青菜、萝卜、菠菜、金花菜……各式品种的蔬菜渐渐长大，孩子们也越发兴奋。

  前些日子几股冷空气袭来，青菜经霜打以后，个头更大，叶子也更加饱满，终于到了采摘的日子。孩子们开心地拔青菜、分青菜，每人带几棵回家，洗菜、切菜、烧菜、品菜，吃着自己的劳动果实，一个个都乐开了花……

  孩子们说："真希望明年春天快点到来，我想种青椒、种茄子、种西红柿、种黄瓜……"

  虽然震川园只建成了一半，但孩子们已喜欢上了震川园，得给震川园安个牌匾。那天，昆山市书协副主席霍正斌老师来校，我带着他在校园里参观，他说："震川小学的师生们是幸福的！震川小学是书香浓郁的校园，校园中有一块散发泥土芬芳的菜园为'震川园'，这意境深远！泥土与种子、种子和绿叶、果实与蓝天，这些真美好，予因此而感动！"于是，霍主席欣然提笔，写下"震川园"三字。

  现在，牌匾已经挂上，空中花园就真成震川园了！

我们为什么要努力工作？[1]

（2020年12月14日）

经常听到有人对青年教师说："你家经济条件那么好，工作么过得去就行了！""班主任有什么做的？一年下来很辛苦，但也多不了几个钱！"

也经常听到有人会对骨干教师说："你什么都评好了，再这么拼，难道想评特级？""别去逼那些年轻教师，你为他们好，到头来他们还数落你的不是！"

当然，也有人会对学校管理者说："学校又不是你的，那么拼干什么？""做好做坏一个样，你努力了，奖金也不会多一分。""多做多错，少做少错，不做不错。环境如此，何必努力？"

……

那么，我们还需要努力工作吗？

答案当然是肯定的！

第一，当为人生质量，竭尽全力。

说人生理想太过远大，讲人生质量人人均有。人这一生，说长不长，说短不短，但工作只有短短30年左右。这30年工作得如何，实际上决定了我们整个人生的质量。当我们退休，回顾从教生涯，是平淡如水、毫无生气，还是可圈可点、有滋有味，全在工作之中。当然，人人都希望自己的人生是有滋有味、有情有趣的。

所以，我们常能看到我们的老教师与青年教师共研课堂，毫无保留，每一课都如自己的课，他们是希望人生中有个传承；我们的骨干教师伏案备课、激扬课堂，每一课都如人生第一课，他们是希望人生中有个坚守；我们的青年教师踏露而来、披月而归，每一天都充实忙碌，他们是希望人生有个好的起步；而学校的管理者们，殚精竭虑、不断创新，他们是希望学校在他们手中有更好的发展！

不浪费每一天，让每一天都充满色彩，我们的人生才会五彩斑斓！

第二，当为培养学生，尽心尽力。

我们是教师。教师的天职就是教育学生、关心学生、培养学生。

当教师，最幸福的事是什么？不是考试成绩优秀，不是评到了职称，不是获得了奖项，也不是得了奖金。教师最幸福的事，莫过于在孩子成长的路上，给予了他们必要的关心与指导，从而改变了孩子的人生！当孩子长大后，回忆起自己的学生时代，能有这样的感慨："当年那件事，幸亏某老师开导我、关心我，让我度

---

[1]本学期，笔者一共与大家分享了关于工作的"三问"：
第一问，《我们为什么要努力工作？》，谈的是"为什么"，旨在探讨动机问题。
第二问，《我们的根本工作是什么？》，谈的是"是什么"，旨在探讨目标问题。
第三问，《我们为学校发展做什么？》，谈的是"做什么"，旨在探讨行动问题。

过难关，否则我现在啥样都不知道呢。""要不是某老师鼓励我、信任我，我想我是永远考不上大学的。"……

能在孩子人生成长路上给予积极、正面的影响，并让孩子得以改变，这是当教师最幸福的事了！

作为教师，我们都承担着教育教学的任务，班中的学生也千差万别，但是，我们是孩子心中神圣的存在，我们要给他们积极的引领。我们的教育教学行为，会影响孩子的一生。所以，作为教师，容不得我们一丝的懈怠，当尽心尽力培养学生。能力可以有高下，但绝不能误人子弟，因为一误就是孩子的一生。

第三，当为自我成长，不遗余力。

之前，有把教师比作红烛、春蚕的，那是体现了教师职业的崇高。新时代，教师绝非红烛、春蚕。我以为，为师者，当以孔子为榜样，教学相长，教学生的同时，自己也能成为一代圣人；为师者，当以归有光为榜样，从教数十载，自己亦成一代文坛巨匠。

教书育人是科学，亦是艺术。不努力，如何踏进教育殿堂？不努力，如何成为骨干名师？立足课堂、以生为本，善于反思、科学育人，使自己在教育、教学、科研诸方面都得到长足发展，早日成为大家公认的行家里手，早日实现自己的教育理想。各种荣誉、名号虽不是我们所追求的终极目标，但也是对我们教育工作的一种肯定。得之者，当水到渠成，实至名归。

由此可见，无论是从人生质量、学生培养，还是从自我价值来看，我们作为教师，都不可得过且过。作为震川小学的老师更应努力工作，震川小学是一所新学校，学校发展、学生成长的责任全在我们身上，好与不好我们都有不可推卸之责任。况且，学校以归有光之名号命名，万不能辱没先贤名号。

老教师如此，青年教师更应努力，无奋斗不青春！况且，作为震川的青年教师，努力工作的附加值很高：一来部分教师购置了学区房，学校办好了，增值空间无限；二来学校办好了，孩子可入学名校，这可是任何投资也换不来的！

爱的教育

（2020年12月16日）

就读师范的时候，我喜欢读意大利作家亚米契斯的《爱的教育》，可能是由于将来要做老师，常被作品中的人和事所感动。工作以后，我就常常希望我的教育也是充满爱的教育。

今天，我们的《清华附小德育细节》读书分享会让我有了这种感觉。

我们年轻的班主任们，一边读着书中的事例，一边回味着自己的教育故事，好不让人感动！

吴倩云老师说："教育首先要有大爱，其次才是方法。""只有从心出发，快乐的老师才能教出快乐的学生。"张京京老师讲："宽容比惩罚更有力量。""面对问题学生，要用心倾听每一颗种子发芽的声音。"毛雨溪老师与我们分享了他与汤同学的故事，告诉我们："爱不漂亮的孩子才是老师真正的爱。"沈佳妮老师说："要给学生留面子。"吴云老师与我们分享了她学生时代的老师为她扎头发的细节，这个细节，她记了一辈子。这些告诉大家："要从细节上关心和关注孩子。""老师的小动作，学生的大回忆。"周帆老师与我们分享了"教育需要悦纳，教育需要盟友"。

我们的6位老师讲得真好！我们6位点评嘉宾也点评得很到位！看得出，大家都是用心读着书，用爱教着孩子！

我听了以后，很有收获，也很受启发。

第一，教育是"爱的事业"。

爱是教育的基石，离开爱，就没有真正的教育。为什么孩子会爱老师，肯定是因为老师们爱孩子！爱是彼此的，只有真心对孩子好，才能换来孩子真心的喜爱！

而我们如何来表达对学生的爱？除了鼓励的言语之外，更重要的恐怕是细节了。我们大部分教师也有自己喜爱的老师，现在回想一下，自己为什么会喜爱老师？无非是老师当初的一句鼓励，或者是老师当年的一个爱的动作！这个动作可能是摸一下头、系个鞋带、戴个红领巾、擦一把汗。

这些细节，传递着老师对学生们的爱，而孩子们一旦感受到，这对孩子们将是一生的鼓励！所以，作为老师，我们一定要关注平时的教育细节。当然，这些细节的产生一定是对学生的爱的真情流露。

第二，教育是"合的事业"。

教育之所以产生作用，必定是多方合力的结果。今天，大家的共识之一就是家校合力对学生成长的重要作用。而要实现家校合力，就需要我们与家长进行有效的沟通，这种沟通也必须是深入的、心与心的沟通，对孩子的优缺点进行准确的判断，提出合理有效的方法。甚至可以让孩子参与，老师、家长、孩子三方形成合力，那孩子的成长将会更快、更健康！

今天的分享会真的很好，相信每一位参会人员都能有所收获。希望我们的每一位老师都能践行爱的教育，都能在转变后有所建树。

期待《震川小学德育细节》早日呈现！

谈创建

（2020年12月17日）

这两周大家都比较忙。

一来活动较多，运动会、防近视宣讲、法治讲座接踵而来；二来创建也较多，上周三苏州市健康单位创建，上周五苏州市合格心理咨询室验收，本周三昆山市依法治校先进单位验收，同时昆山市书香校园创建在柏庐高中集中汇报（资料部分）。

各类创建活动确实占用了我们的时间，分散了我们的精力。那么，我们该如何正确认识创建呢？

第一，创建活动是学校全面发展不可或缺的一部分。

2020年11月，我们支委会全体成员共同学习了《昆山市中小学校教育综合考评实施方案》（昆教〔2019〕225号），综合考评是昆山市教育局对学校的综合性评价，其范围涵盖学校发展各个方面。我们共同的感受是：学校的每一项工作都不能忽视，每一项工作都要尽可能做好！只有这样，才有可能在综合考评中获得优秀。

而各类创建活动，也是综合考评项目之一。绝大部分条线的创建活动都是必需项目，如昆山市书香校园、江苏省健康校园、江苏省平安校园、昆山市优美校园、昆山市智慧校园、特色图书馆、品质课程基地、星级档案室等。这些创建活动几乎涵盖学校工作的各个条线，因此高质量地完成这些创建活动，无疑可以为学校的全面发展奠定扎实的基础。我想，昆山市教育局把各类创建活动纳入综合考评，其用意也在于此吧。所以说，创建活动是学校全面发展不可或缺的一部分。

第二，重点项目与薄弱项目的创建有利于提升学校发展水平。

各类创建活动涵盖范围很广，如果将创建活动与学校重点发展项目相结合，无疑会极大推动、促进学校的发展。

例如，与学校无边界阅读相关的书香校园建设、特色图书馆建设等，这类创建我们必须认认真真、扎扎实实地去做好，因为这类创建活动是对学校无边界阅读的一个很好的总结与提升，可以让我们梳理已经开展的工作，思考哪些还比较薄弱，哪些要在下阶段着力推进。这对我们确立并坚持"是学校，也是图书馆"的办学理念，推进特色学校建设有着重要影响，所以这类创建活动对学校发展也就具有一定的实际意义。

另外一类创建活动，对学校发展也具有十分重要的意义，那就是学校目前的薄弱项目创建。通过对薄弱项目的创建，学习借鉴，具体实施，逐步提升，而后达到弱项不弱的目标。

第三，创建最终要为师生服务。

创建的目的是提升学校各项工作水平，但最终还是要落脚于为师生发展服务。凡是有利于师生发展与成长的，我们都要尽全力做好，而且要通过创建真正促进师生的成长。

例如，上周我们创建的苏州市健康单位，看似与师生关系不大，实则关系紧密。现在孩子们的近视率呈逐年上升趋势，尤其2020年上半年疫情期采用线上教学，近视率进一步提升。如何控制孩子们的近视率不断上升？这是我们通过创建健康单位要解决的问题。除了开展讲座之外，我们是不是还要控制作业量？我们是不是要反复提醒孩子们养成正确的坐姿？我们能不能每节课后开展护眼操？我们老师的体检也一样，医务室要形成学校整体健康报告，然后有针对性地提出实际有效的措施。怎样控制"三高"？怎样合理安排老师的体育运动？如何提升教师的健康素养？……

只有通过创建提升师生的健康与成长，这类创建才真正具有意义，才是真创建！

从2021年起，我们将迎来创建年。创建工作会加大老师们，尤其是行政领导的工作量，但是我们要树立正确的创建观，让创建更好地服务于师生，更好地提升学校的发展水平！

我们为学校发展做什么?

（2020年12月22日）

上周五，主题党日活动。全体党员进行了大讨论——我为学校发展做什么？我觉得这个论题非常好。学校发展离不开任何一位教职员工，每一位教职员工也都可以为学校发展贡献自己的力量！

我想，在探讨"我们为学校发展做什么"这个问题之前，我们首先要弄清楚的是：学校到底是干什么的？其实早在上周的校长办公会议上，我就与全体行政人员探讨过这个问题。我觉得，可以从以下几个层面来理解。

第一，我们学校一切工作的出发点和归宿是什么？我觉得应该是学生成长。学生成长应是学校办学的第一目标！"全心全意为学生的成长服务"应当成为全体教职员工的共同理念。

学校之所以成为学校，是因为有学生的入学需求。教师之所以成为教师，也是因为有学生的成长需要。没有学生，就没有教师，也就没有学校。因此，我们无论何时、无论面对何种情况，都应该以学生为中心。凡是有利于学生成长的，我们就要努力去做，而且要尽全力做好；凡是不利于学生发展的，我们就要尽力避免，全力营造适宜于学生成长的良好环境。

这两年，我们打造图书馆式的学校，我们营造"追光"的校园文化，我们打造学校"一静一动"的特色发展，均是为学生成长做奠基的基本工作，是为孩子一生成长打下坚实的基础，所以我们要持之以恒地做，而且要努力做好。我们要培养的是心正情真、笃学崇实、知行合一的具有浓浓书香气的多才多艺的震川学子。

第二，虽然学生成长是办学的第一目标，但学生成长的关键在于教师，教师发展是学生成长的必要、先决条件。这也是为什么学校在开办伊始，就把教师发展作为首要工程来抓。

没有好教师，就很难培养出好学生。没有大批量的好教师，就不可能出现大批量的好学生。所以，我们都要把成为好教师作为我们的成长目标，从师德师风、业务能力、科研水平等诸多方面进行提升。

教师发展最终必然要服务于学生成长。如果教师成为骨干教师，但学生仍没有培养好，那么成为骨干教师就失去了价值和意义。教师只有面对学生、回归教育的时候，才具有意义。一个在教育教学上不能提升学生水平的骨干教师，是很难被大家认同的。

第三，学校行政的作用更多的是服务于教师，而教师则直接服务于学生。

校长室制定学校发展规划，把握总方向，分管领导负责落实，各科室、各条线具体实施。校长室相当于人的大脑与心脏，决定了学校的发展目标与走向；分管领导相当于人的脊柱与躯干，决定了学校的主要形态；而各条线、教研组、年级组等就相当于人的四肢，决定着学校办学的具体呈现样式。

因此，作为校长，必须要对学校的实际有比较深入的研究，然后结合多方智慧，提出切实可行的发展定位与方向。而全体行政人员，则需要有很强的分析和解决问题的能力，能创造性地提出发展方略。全体教师则需要对所做工作有了解和给予支持，要有很强的执行力与推进力。唯有如此，学校的发展才能更快、更好，各项工作的开展才能更有效。

震川小学开办已至第三年，我们提出的远景目标是"把震川小学打造成一所具有震川精神浸润的高品质的基础教育学校"。我们提出的三年规划是：一年定位发展，二年全面铺开，三年初具雏形。现在来看，虽然第二年因疫情略有影响，但整体推进均较顺利，这离不开全体行政人员的无私奉献，离不开全体教师的辛勤工作。

我们能为学校发展可做的工作有很多，但唯有目标一致、行动一致，方能走得更远、更好！

我的工作前5年[1]

（2020年12月24日）

各位老师：

今天，学校开展震川论坛，把主题确定为"我的工作前5年"，在我们这个年轻的震川校园里，谈这个话题别有深意。

下面，我就按自己工作的时间顺序向大家做个汇报，希望能给大家带来一些思考与启发。

1998年7月，我从江苏省新苏师范学校毕业，同年8月进入昆山国际学校工作。

我教数学，顾培新副校长是我的师父。顾校长很严厉，工作第一个月，她每天来听我的课。我白天上课、处理完作业，晚上就是备课、做课件，天天工作到深夜。一个月后，顾校长对我说："现在你带两个班的数学我放心了。"

10月，顾校长带我随顾建芳老师等陪同陈蕾老师参加江苏省青年教师课堂教学大赛，这次观摩使我受益匪浅。当时，计算机辅助教学正开展得如火如荼，如何利用先进的计算机技术来突破教学中的难点、如何利用计算机来提高课堂教学的效率都是研究的课题。之后，我努力尝试把计算机与学科教学整合起来，最大限度地发挥计算机辅助教学的作用。我制作了多个课件，在各大比赛中获得了较好的成绩，其中《圆柱的体积》在江苏省小学数学计算机辅助教学课件展示活动中展示，《骨骼和肌肉》获江苏省自然课件评比一等奖。同时，我不断将在实践中获得的经验进行总结，所撰写的论文《课件的制作》发表于国家级报刊《中国电脑教育报》，以数学教学为例来撰写的《浅论多媒体课件中蕴含的美》获苏州市电教论文评比一等奖，并在《江苏电教》上连载。同时，我也着力于对数学教材的理解与把握，1998年10月，本人撰写的教学设计《三角形面积的计算》获苏州市优秀教学设计评比二等奖，12月参加苏州市小学数学优秀录像课评比，获二等奖。此外，我还开展了多次公开教学活动，这些使我对教学产生了浓厚的兴趣与继续探索的强烈愿望。

1999年是教育史上不平凡的一年，江泽民同志明确指出：民族振兴的希望在于创新。因而，人们在继续研究计算机辅助教学的同时，也开始了创新教学和开放教学的探索与实践。我积极参与了学校的省级课题"创造性课堂教学模式"的研究，在中期成果报告会上我执教了"古诗入画"，在终期结题汇报中，我执教

---

[1]此文是笔者在"我的工作前5年"为主题的震川论坛上的发言。袁干斌、叶雪娟、陈丽娜、包玲玲老师也一并做了交流发言。

了"两步计算应用题",均获好评。同时,我继续认真学习理论知识,并坚持走理论与实践相结合的道路,1999年6月,我撰写的《应用题教学要重视培养学生的创造性思维》一文发表于国家级刊物《中小学教师培训》,《在电脑绘画中培养儿童的创造力》一文则发表于另一份国家级报刊《美术报》。

2000年,小学各科课程标准开始重新修订,创新仍是改革的重点,同时也对数学提出了与生活紧密联系的要求。这一年,顾建芳老师6次带我外出参加各种学科活动、讲座与培训,使我的教学认识观不断地提高与发展。特别是华东六省一市的数学课堂教学,使我耳目一新,深感教学中创新之美、内化之美及艺术之美。同时,我利用计算机网络学习各种外来教学思想与理念,使自己的理论水平不断提高。12月,我设计的实践活动方案《设计你的卫浴》获昆山市评比二等奖。同时,我还撰写了《论数学问题的生活化与生活问题的数学化》(发表在国家级刊物《中小学教师培训》)等多篇阐述生活与数学关系的论文。

随着对《数学课程标准》学习的不断深入,我的教学理念也发生着巨大的变化,开放的数学教学模式开始进入我的课堂。2001年,我开始大胆地在数学学科中进行各种尝试教学,5月,在校第二届青年教师评优课中,我本着"以生为本"的教学理念设计的"线段、直线、射线和角"的教学,在数学组再一次夺得第一名,同时教学设计发表在《教学与研究》上;9月,我在昆山市98、99届评优课中获二等奖。在实践经验与理论同步发展的同时,我开始对数学教学进行总结与评价,《数学教学要重视与生活的联系》等多篇论文在各级各类评比中获奖,同时也在各类杂志上发表。

2002年,苏教版国标本教材开始在一年级全面启用,教材对新课程理念的解释,以及灵活与开放的特点都深深吸引着我。虽然我执教的四年级仍使用着老教材,但我已开始尝试改变教材结构,进行教材重组,从而更好地促进学生的自主学习、合作学习与探究学习。10月,我在"与课改同行"活动中执教了"求平均数"一课,获得了好评。我开始做案例分析,及时总结得失,其中《数学学习应注重自主探索、合作交流》获得昆山市评比二等奖。同时,我撰写了10多篇有关新课程改革的教学论文,《探新课程理念下的小学数学学习方式》《数学学习要让学生"经历过程"》等10多篇论文在各级各类报刊上发表,另有多份论述被引用。

随着新课程改革的不断深入,2003年,我开始更深层次地进行数学课堂教学的改革,尝试用信息技术与数学的整合培养学生的数学能力,在数学教学中引入"数学写作",以探究对学生学习的过程性的评价,考虑如何比较全面客观地对学生的数学学习进行评价，等等。在这一年中，我撰写的多份案例分析在各类杂志上发表，同期撰写的《让数学写作走进数学课程》《浅谈小学数学新课程中的评价方式》等多篇论文也相继发表。2003年9月，我被评为昆山市首届教学能手。10月，我参加昆山市青年教师评优课评选获特等奖，代表昆山参加苏州市青年教师评优课评选获一等奖。随后，我在江苏省国标本小学数学教材培训会上执教"估算"，获得评委们的一致好评，为2003年画上了圆满的句号。我的课堂开始关注学生的全面发展，关注学生积极的数学情感的培养，关注学生学习数学的可持续发展。

5年的教学工作中，我逐渐形成了"四重视"的教学特色：重视学生创造性思维的培养；重视"以人为本"，从学生的生活实际出发进行教学；重视倡导自主学习、合作学习与探究学习的学习方式；重视学生积极的数学情感的培养。5年里，我获奖47项，发表论文34篇，其中仅2002年就发表了14篇。

我于1998年开始工作，2003年被评为教学能手，在教学上进步很快，2008年被评为昆山市学科带头人，2012年被评为苏州市学科带头人，2013年被评为高级教师。

2000年，我开始担任小学部教务员，2001年担任学校教技室教技员，2002年担任学校教技室副主任，2003年担任学校校长办公室副主任，2006年担任校长办公室主任，2009年担任小学部校长，2014年担任国际学校总校长。2018年，我与袁干斌主任、朱玲珍主席等一起申请调入震川小学工作至今。

现在回看这些经历可以发现，实际上，工作前5年的状态已经基本决定了整个职业生涯。当然，也不乏逆袭的个例，但这个要付出比之前成倍的努力。因此，把握好工作前5年的时间，对于整个教育生涯意义深远。我有几点感悟：

1. 发展平台很重要

1998年的国际学校，与现在的震川小学很相似：年轻、充满朝气，现代、积极向上。学校有一些骨干教师，但更多的是要求上进的年轻教师。这些教师在一起，形成了非常好的共事氛围：关爱学生，同事之间很团结，为学校发展积极奉献。（出去赛课都以争一等奖为任务，因为成绩不仅代表自己，也代表学校。）

所以学校在那几年发展很快，教师们在那几年也成长很快。丁志洁副校长、顾庆荣主任、雷鸣主任、刘光主任、袁懿芳主任、李莉老师等都是在那个时期发展起来的。后来，国际学校也走出了一大批校级领导。我们深知：没有国际学校这么好的发展平台，我们不可能成长得那么迅速！

2. 专业成长很重要

课堂教学是根本，教学质量是生命。

课堂教学要与当前阶段教育教学研究热点相结合。要敢于尝试，善于研究。教育教学的改革一直在推进，每个阶段都有不同的侧重点，要抓热点、抓重点。像我刚工作时大家研究的计算机辅助教学、创新能力的培养、教学生活化等，都是当时的研究重点。紧密跟随教育教学研究热点，才能使我们的专业成长快人一步。（核心素养、科学精神、理性思维、批判性思维、学情分析与精准教学等是当前的教育热点。）

同时，一定要把握好每一次比赛，尤其是赛课的机会，因为赛课的机会真的很少。我工作前5年，两次学校赛课第一名，因此获得了两次市级赛课机会。但第一次得了市二等奖，第二次终于获了特等奖，并因此代表昆山参加苏州市比赛，终获一等奖第一名。如果当时不把握，恐怕以后也很难有参加苏州市赛课的机会了。

但是，赛课并不是唯一的成长途径。教育研究也可以加速教师的成长。要多实践、多反思、多撰写、多发表。很多名优教师都是从教育科研这条路走出来的。

3. 任劳任怨很重要

我工作的前5年，正是国际学校开办初期的那几年。学校快速扩张，没有定型，所以我们的工作其实是很辛苦的。

我学的是汉语言文学专业，实习时因为缺数学老师，所以我教了数学，工作以后就成了数学老师。其间，我又兼职过文印员（因为我打字比较快），专职教过计算机，还带过初中政治课。后来，我才定型于小学数学。

那时候，我们每个人每周至少有2个晚自习，上完晚自习送孩子回到宿舍，一天工作才算结束。周日下午1点，我们是要到校上班的，因为孩子们周日下午就到校了。后来改成周一上午到校后，我们就被安排周一早上跟班校车接送孩子，6点不到就要上车，一站一站接孩子到学校。开始几年，学校招生情况不佳，节假日我们几人一组要到各地去招生。

那时候我课件做得比较好，所以也常帮别人做课件。校内的、校外的，都做。有时候通宵做，那时候年轻，都觉得不是事。很多事情，千万不要觉得是白做，就像我工作第一年帮陈蕾老师做课件，如果我不做，可能就没有那次去全程学习江苏省青年教师评优课的机会了。

这是我工作前5年的经历，现在回过头来看，如果没有当初的努力与奋斗，就不会有现在的发展。因此，工作初期的努力对个人的成长来说真是十分重要的。而青春，本就是应该奋斗的！

护眼操

（2020年12月28日）

学生的体检结束了，我向医务室顾蔚静医生要了两张表，一张是2020年11月全校学生视力情况统计表（表1），为了便于比较，我还向她要了2019年11月全校学生视力情况统计表（表2）。

真是不看不知道，一看吓一跳！

表1　全校学生2020年11月视力情况统计

年级	性别	体检人数/人	正常		视力不良		近视	
			人数/人	比例/%	人数/人	比例/%	人数/人	比例/%
小一	男	241	135	56.02	106	43.98	42	17.43
小一	女	214	125	58.41	89	41.59	34	15.89
小二	男	255	146	57.25	109	42.75	54	21.18
小二	女	235	123	52.34	112	47.66	64	27.23
小三	男	301	166	55.15	135	44.85	102	33.89
小三	女	275	143	52.00	132	48.00	105	38.18
合计	男	797	447	56.09	350	43.91	198	24.84
合计	女	724	391	54.01	333	45.99	203	28.04
合计	小计	1521	838	55.10	683	44.90	401	26.36

表2　全校学生2019年11月视力情况统计

年级	性别	体检人数/人	正常		视力不良		近视	
			人数/人	比例/%	人数/人	比例/%	人数/人	比例/%
小一	男	249	165	66.27	84	33.73	21	8.43
小一	女	237	143	60.34	94	39.66	27	11.39
小二	男	298	189	63.42	109	36.58	62	20.81
小二	女	273	171	62.64	102	37.36	43	15.75
合计	男	547	354	64.72	193	35.28	83	15.17
合计	女	510	314	61.57	196	38.43	70	13.73
合计	小计	1057	668	63.20	389	36.80	153	14.47

上级部门对于小学近视率的要求是不高于35.96%。让我们看看学校的情况。

二年级（2019年的一年级）学生的近视率如下：

2019年男生的近视率为8.43%，到了2020年上升到21.18%，约是2019年的2.4倍。

2019年女生的近视率为11.39%，到了2020年上升到27.23%，也差不多达到2019年的2.5倍。

三年级（2019年的二年级）学生的近视率如下：

2019年男生的近视率为20.81%，到了2020年上升到33.89%，约是2019年的1.6倍。

2019年女生的近视率为15.75%，到了2020年上升到38.18%，也差不多达到2019年的2.4倍。

拿2020年一年级学生的近视率与2019年一年级学生的近视率相比，男生近视率为17.43%，2019年为8.43%；女生近视率15.89%，2019年为11.39%，也是大幅高于2019年！

近视率上升幅度太大了，上升的速度太快了！

究竟是什么导致了近视率的大幅上升呢？这是学校的个例，还是昆山或者苏州乃至全国的普遍现象呢？我们应该如何来采取积极的措施减缓近视率的上升呢？

这些问题都是值得我们好好研究的。

我想，2020年学生的近视率大幅度上升的主要原因之一，恐怕是上半年疫情阶段孩子们在家线上学习。长时间、高强度地使用电子产品，如果不注意眼睛的调节与休息，很容易造成视力下降，最终变成近视。

当然，学生出现近视的原因多种多样。那么，面对这种现状，学校应该怎么做呢？我认为，可以从以下五个方面着手。

第一，进行科学用眼教育。让每个孩子知道科学用眼，养成良好的用眼习惯。写作业做到"一尺一拳一寸"，不在昏暗的环境下看书，不在移动的车厢内阅读，不躺着看书、看电视，不长时间用眼，等等。只有知道了怎么护眼，才能真正科学用眼。

第二，每节课后增加护眼操，并坚持做眼保健操。读书时间长，容易造成头部前倾，长时间的低头易引起眼球充血、颈部肌肉紧张等不良症状。从2021年1月起，每节课后增设护眼操，同时引导孩子们每天坚持做眼保健操，有效缓解他们的用眼疲劳，预防近视。

第三，控制学生的作业量。课堂教学要追求轻负高效，要切实控制学生的作业量，不加重学生的课业负担。

第四，安排户外体育锻炼活动。确保孩子们每天有1小时体育锻炼的时间，让孩子们既能呼吸新鲜的空气，又能锻炼身体，从而放松眼睛，恢复眼部肌肉。同时，建议家长在节假日多带孩子们到户外爬山、打球、跑步等。

第五，保证充足的营养。饮食不当也是导致孩子们近视发生和近视度数加深的重要原因之一。总务处要合理配置菜单，及时给孩子们补充足够的钙、磷及维生素C等。

孩子们的近视防控已经到了刻不容缓的地步！学校一定要千方百计地采取各种有效措施，控制孩子们的近视率大幅上升，为孩子们的健康尽心尽力！

"霸王级"寒潮

（2020年12月29日）

还有两天就要元旦了，年度"霸王级"寒潮横扫我国。大风降温、雨雪天气一并来袭。昆山直线降温最高达20多摄氏度！明后天最低温度达零下7摄氏度！最低温度低、持续时间长，是这次寒潮的特点，恐怕比2016年那次的寒潮有过之而无不及！

今天下午的雨雪天气一直会持续到深夜，加上气温骤降，明早昆山肯定会有严重冰冻，这将给我们的学习、生活带来很大影响！

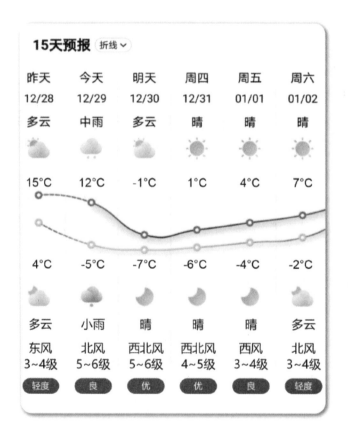

怎样才能最大限度地减少恶劣天气的影响？怎样才能确保师生的安全，确保教育、教学活动的正常开展呢？我们每一位教职员工都必须高度重视、严阵以待。

第一，我们要排查好水、电、气安全。严寒天气，尤其是水管极易结冰冻裂，从而造成漏水、喷水，这是2016年寒潮给我们的教训。朱主任已与后勤人员对水龙头进行了检查，保持其处于能滴水的状态，同时关闭了所有门窗，尽量避免水管因天冷而冻裂。同时，也要做好室内外水管不出水的极端情况的应急预案，确保师生生活用水的安全。

第二，我们要叮嘱师生上下班、上下学注意交通安全。晚上雨雪，温度骤降，明早路面肯定会结冰！这就给我们的上下班、上下学带来了安全隐患。开车的教职工、家长们必须缓慢行驶，不超车、缓刹车（急刹车极易造成车辆打滑）。班主任要妥善告知家长行车安全，尤其电动车出行更要注意安全，要提高家长和学生们的防冻、防滑、防意外伤害的安全意识和自防自护能力。

第三，我们要做好极端天气的教学预案。要视天气情况和地面情况，引导好学生上好各类课。不适宜室外进行的教学就在室内进行。明天的护导老师必须按时到岗，走廊结冰，要提醒学生不能奔跑，尽量稳步前行，以防发生事故。

另外，大家明天要多穿点衣服，做好保暖工作。同时，班主任要叮嘱孩子多穿点衣服，要穿保暖一点的鞋子。我们办公室里有空调，但孩子们的教室里没有，孩子们抵抗力又差，一冻就容易生病。

明天的门口测温工作，安保处的刘主任已经做了布置，将测温点全部移至开甫廊。气温低，又是疫情反复的阶段，每一项工作都不能疏忽。

另外，严寒天气期间，学校中央空调会全程开放，请各专用教室及时开启。

大家辛苦了！

我们的2020

（2020年12月31日）

2020年，着实是比较特殊的一年。

上半年全国疫情较为严重，我们一手抓新冠肺炎疫情防控，一手抓学校内涵发展建设；下半年疫情控制较好，我们着力加快校园文化建设，着力加强教师队伍建设，着力提升学生综合素养，紧紧围绕把学校办成一所"具有震川精神浸润的高品质的基础教育学校"这一总体目标，努力开创学校教育工作新局面。

这一年，仿佛只过了半年，但我们站在年末的节点来回顾这一年时，竟发现我们学校在这一年中仍取得了飞速的发展。

过去的这一年，我们基本完成了"追光震川"的校园文化品牌建设。

这一年，震川六景初步呈现。从年初的震川藏书楼、开甫廊、菊窗轩，到暑期的震川园的规划整理，从秋季的也是庭，到刚刚竣工的归有光纪念馆，震川六景从纸上跃然呈现，"一楼、一廊、一轩，一庭、一馆、一园"将成为震川校园里的动人景致。

这一年，学校的"项脊之光"党群服务点完成建设，"项脊之光"党建品牌注入了新的内涵。

这一年，学校的"基于'震川文化'的无边界阅读支撑系统的构建研究"成功立项为省级重点课题。该课题直接对接于"是学校，也是图书馆"的建校理念，与学校特色紧密结合，必将推动学校快速发展。

…………

过去的这一年，我们继续推崇教师师德的培养和专业的成长。

这一年，我们继续把教师发展作为"一号工程"加以推进，即使在上半年，我们还是在做好疫情防控的基础上举办了第二届青年教师大比武活动，又一批师德素养高、业务能力强、勤于钻研的青年教师脱颖而出。

这一年，我们尝试推行了"大教研"活动，真正让教研活动成为青年教师成长的重要平台。校本研修、研课开课，我们看到了教师心中的梦想、教学的个性和专业的智慧。

这一年，我们成立了"项脊轩"青年教师读书会，我们看到了教师们对同一文本的多元理解和价值判断，看到了睿智的思想在彼此间相互映照，令校园充满理性和人文的光辉。

这一年，我们采撷了2个苏州市课堂教学一等奖、3个苏州市学科素养大赛一等奖、2个昆山市百优课一等奖、1个昆山市学科整合一等奖；还有很多二、三等奖。教师队伍已形成老、中、青共同成长的生动局面！

············

过去的这一年，我们努力践行"两全"理念，着力推进学生健康成长。

这一年，我们围绕育人目标，以"心正情真"为核心道德品质，细化为学习、生活、行为处事方面的核心好习惯，与震川精神相匹配，与学生发展相融合。

这一年，我们《打造生活课程，助力儿童成长》的德育研究报告获得了苏州市德育研究成果奖，《苏州德育》进行了专版介绍。

这一年，我们为一年级的孩子们精心打造了盛大的入学礼，意在让孩子们走好入学的第一步。

这一年，我们正式开放了震川藏书楼，我们推进了"三横三纵"的阅读活动，为学生的阅读进入了新的层次。

这一年，我们开展了全学科、全覆盖的学生活动，让每个孩子都得到发展，正成为我们的共识。

············

新的一年将进入新的里程，震川小学在全新的条件下该如何发展？我想，再远、再深的问题，都应回溯到教育的源头；任何时候，做任何选择和决定，眼里心底都应有活生生的人。我们孩子们的健康成长应成为我们一切教育行为的出发点和归宿。

新的一年，让我们怀揣初心，不负韶华。让校园溢满阳光，让教育充满温度，让学校堆满故事，让学生自然生长，让教师快速发展，这便是我们的新年愿景。希望我们每一个震川人在新的一年里都有新的成长、有感人的故事，与学生一起成为教育的主角。

1月

2021年

"两全"

（2021年1月4日）

"两全"的理念，是我在震川小学开办之初提出的。所谓"两全"，一是指全体学生，二是指全面发展。

作为一所义务教育学校，我们必须关注全体学生的成长，一个都不能落下，这与孔子所提倡的"有教无类"相呼应。同时，作为一所基础教育学校，我们要关注基础，所以必须全面提升孩子们各方面的兴趣和才能。小学是人生的奠基阶段，唯有时时处处关注"两全"，才能为孩子们的人生发展打下坚实基础，孩子们的未来才会更加精彩！

震川小学开办两年多来，正是践行着"两全"的理念前行。

我们办图书馆式的特色学校，推行无边界阅读，正是基于此。阅读，是每个孩子都可以参与的，一个都不会少，一个都不能少。我们推行各类社团活动，要求每位学生最终落实于2项体育技能、1项才能，也是基于此。虽然疫情阶段社团活动有所影响，但我们得鼓励孩子们积极参与校内外各类活动。我们的育人目标是：培养心正情真、笃学崇实、知行合一的具有浓浓书香气的多才多艺的震川学子。

近期，学校全学科老师精心准备了多项活动，开展"群星璀璨，熠熠生辉"——昆山开发区震川小学学科迎"星"系列活动，我觉得特别有意义。这是迎"星"，也是迎"新"。尤其所有学科一门不落下，所有孩子积极参与，更是难能可贵！

语文组为进一步打造图书馆式学校和书香校园，形成一个个书香班级，帮助学生养成良好的阅读习惯，举办"阅读之星"评选活动。依据"我的读书简史"使用情况、在校阅读情况、"读写绘"完成情况，以及"我最喜欢的一本书"介绍等进行评选，最后决赛用直播的形式，让每一个孩子都参与，让每一个孩子都有所收获。

数学组为了让学生更好地感受数学知识在生活中的应用，让学生对数学知识产生浓厚的兴趣，开展相应的趣味数学活动，让学生在活动中训练数学思维，促进数学能力的发展。一年级的"用数学绘出大千世界"活动、二年级的"用图形拼搭多彩世界"活动、三年级的"计算能力大赛"活动既与学科学习相结合，又让全员参与，精彩纷呈。

「两全」

　　英语组围绕培养学生的英语学习兴趣、丰富学生的学习生活，开展了三年级的单词默写大赛。

　　科学组为培养学生的科学想象力和创新意识，倡导科技与艺术的结合，提高学生的综合素质和科学幻想绘画创作水平，举办了学校第二届科学幻想绘画比赛。

　　美术组为营造积极向上、健康文明的校园文化氛围，丰富学生校园文化生活，让学生展示才华、发挥个性特长，举办了第三届"童心童梦——追光少年画新年"现场书画比赛活动。

　　音乐组为培养少年儿童健康的审美情趣、良好的艺术修养及特长，促进学生素质的全面发展，举行了震川小学"校园十佳歌手"大赛。

　　信息技术组为全面培养学生的信息素养，提高学生信息技术应用能力，举行了震川小学首届学生信息技术打字比赛。

　　体育组当然也没有落下，运动会不久前刚刚结束。

　　丰富多彩的活动满足了学生多样的兴趣爱好，学生在各科活动中，玩得开心，学得扎实。活动培养了学生的学习兴趣，树立了学生的自信心。学生迎"星"，群星璀璨，熠熠生辉，学生扬起自信的风帆，驶向成功的彼岸；学校迎"新"，一元复始，万象更新，震川小学也将继往开来，更进一步！

　　这样的活动岂不是两全其美？

何来书香气？

（2021年1月6日）

项脊轩青年教师读书会成立已3月有余。

今天的震川论坛是我们项脊轩青年教师读书会的专场，论坛主题是"共读书目分享会"。8位老师与大家分享了他们的读书体会，听者也收获颇多。

数学组的共读书目是《教师如何快速成长》。顾静芳老师说："教师要快速成长，得先知道要成长成什么样。最重要的一点是：如果我是学生，我希望我的老师是什么样的呢？"这种换位思考十分重要，因为好老师必是学生喜欢的老师。全颖霞老师与我们分享了教师的"六大素养"：内驱力、学习力、行动力、沟通力、研究力、反思力。六者缺一不可，六者须全面把握，才能快速成长为一个好老师。

综合组的共读书目是《优秀教师的自我修炼》，两位体育老师与我们分享了体会。王乐俊老师说："新手期、教学能力、师生关系、科研能力等每一项都十分重要，读书与写作是教师生命中的永恒轨迹。当老师成为名师后，要当有名有实、为学生发展尽心尽力的好老师。"季存款老师则从为何要读书、怎样去读书等方面进行了分享，谈了自己的5点读书收获，还介绍了自己下一阶段的读书计划。两位老师都把读书作为非常重要的一件事去做了。

语文组的共读书目是《如何创设适宜的阅读环境与课程》，4位老师侃侃而谈，让大家很受启发。沈佳妮老师告诉我们"不动笔墨不读书"。她读书，还给书中的人物写小传，可见读书用心之深。吴云老师说，要"读给"孩子们情感，我们读的不仅仅是故事，更是对孩子们的"爱"，好不让人赞叹。毛雨溪老师说，书中的描写场景在我们震川小学都找到了实景，我们就是这么做的，我们还会帮孩子们选择合适的书，制订读书计划，让不同的孩子有不同的收获。周慧老师说："读书人自己就是一个发光体。"老师有光，照亮孩子，孩子有光，照亮校园，这就是我们的追光震川！

今天的8位老师讲得太好了！我虽未细读这3本书，但全程聆听下来，恰似已熟读了几遍。这就是分享的力量，也是聆听的力量！

"是学校，也是图书馆"是震川小学的建校理念之一。如何让这图书馆式的校园书香满溢？

我想，只有老师有书香气，学生才会有书香气。

只有老师读书，才能更好地引领孩子们读书。

那么，作为老师，我们应该怎样来读书呢？我认为主要有以下三点：

第一，要深读、精读专业类书籍。教育类、学科教学类书籍是我们教育教学工作的有力指引，我们要爱读，带着问题去读，带着思考去读，还要善于学以致用，让读书为我们的教育教学服务。

第二，要泛读、通读综合类书籍。作为一名教师，作为孩子未来的引路人。首先应该做到智者不惑。只有让自己成为一个内心丰盈、对生活充满热情的人，才能够去影响更多的学生。作为一名教师，我们的知识面应该是广泛的。所以，文学、美学、哲学、教育学、心理学、历史学统统都要涉猎。

第三，要爱读、好读生活类书籍。要走进大自然，了解社会，这也是老师的必修课。要走进网络，了解社会动态，跟随时代的脚步，不要让自己落后。这些也同样重要。读一些家庭教育方面的书籍，教育好自己的子女，这样自己在家庭教育方面，就能有一定的发言权。对工作、对自己的生活都同样有利。

总之，作为教师，必须是一个读书人。

何为书香气？我想，脸上有微笑，眼里有自信，文质彬彬，举手投足有气质，这就是书本给予孩子的力量，这就是书香气！

何来书香气？我想，多读书、好读书、读好书，教师读、学生读、家长读，书香自来！

愿震川校园从此充盈书香，愿震川的师生今后自散书香之气！

我们的根本工作是什么？

（2021年1月7日）

我不知道大家选择教师作为职业的初心是什么。

我想，肯定有一部分人，因为在我们的学生时代被我们的老师感动过，或者对我们的某个老师特别崇拜，长大后就想成为像他们这样的人。

我想，肯定也有另外一部分人，是由于家长或朋友的建议，而选择了教师这个职业。

不管是主动选择还是被动选择教师这个职业，我们都不可避免地面临一个最重要的问题，那就是：我们作为教师，最根本的工作是什么？

韩愈在《师说》中讲，"师者，传道授业解惑也"。教师工作，是传授道理、讲授学业、解答疑难问题的。用现在的话讲，就是"教书育人"。我想，这也应该是我们的主要工作。但是，在新时代，是不是仅仅"传道授业解惑"就可以了？显然，这是不够的。

我们的育人目标是：培养心正情真、笃学崇实、知行合一的现代小公民。

如果从我们的育人目标出发，我觉得我们的根本工作应该至少包含以下几个方面：

第一，要全力培养孩子们心正情真的道德品质。

心正是从德的方面来讲，心正是修身的基础。所谓心正，是心和意合于正向的价值规定。情真是不虚假、不造作、不自欺、不欺人，以真诚的态度待己待人。我觉得用通俗的话来讲，就是正直、善良。而这两个基本品质正是其他优秀品质的基石。

所以，作为教师，我们应围绕育人目标，将"心正情真"这一核心道德品质，细化为学习、生活、行为处事方面的核心好习惯。在平时的工作中要做实做细，抓住重点，将核心的道德品质以好习惯的形式固定下来，让孩子们受益终身。

第二，努力养成孩子们笃学崇实的学习态度和知行合一的学习能力。

笃学崇实——笃学是指脚踏实地、勤奋笃敬的学习态度。崇实是指崇实学、尚实用。

知行合一——所知与所学合而为一。知能贯彻于行中，行能以知为指导。

学习最重要的两个因素，一是学习态度，二是学习能力。如果从小养成脚踏实地、勤奋笃敬的学习态度，孩子们将终身受益。如果能再辅以知行合一的学习能力，学生能实践出真知，并学以致用，那么将为自身的终身学习打下坚实的基础。

学习最终反映在学业素养上，经过6年的培养，学生的学业素养应该得到大幅提升。

第三，着力培养孩子们的兴趣与特长，使之成为适应时代的现代小公民。

现代小公民——适应现代社会、拥有现代视野、具有公民意识的少年。这也是我们要全面铺开"一动一静"学校特色建设的根本原因所在。

我们建设图书馆式的学校，制订学生读书行动方案，开展午间阅读活动，开设绘本阅读指导课，引导记录"我的读书简史"……其目的就是要让学生有书香、有特长。同时，我们开展社团活动，推进体艺2+1，就是想让学生有才艺、有特长，让学生全面发展。

由此可见，我们的根本工作应当是：强其骨、传其道、授其业、扬其长。

而我们理想中的震川学子应当是：身心健康、品格高尚、学习出众、兴趣广泛，同时又有艺术、体育才能，具有浓浓书香气的孩子！

学业素养为什么那么重要？

（2021年1月11日）

上次我们谈到，我们的根本工作应当是：强其骨、传其道、授其业、扬其长。

这四者，"强其骨"是基础，只有让孩子们拥有强壮的体魄和健康的身心，才能开展后续工作；"传其道"是前提，要让学生拥有良好的道德品质，后续的学习才显得更为重要；"授其业"是根本，学业素养关系孩子能否顺利成长；"扬其长"是发展，特长爱好可以让孩子今后更好地学习、生活。

这四者，均十分重要。孩子们从早上进入校园，到傍晚离校回家，绝大部分时间都是在课堂上度过的。由此可见，课堂应该成为我们重要的教书育人的场所。而课堂，最重要的当是授其业。

为什么学生的学业素养那么重要？原因主要有以下几点：

第一，学业素养是促进学生健康成长的重要基础。

我们办人民满意的教育，何为满意？学生的学业素养是重要的方面。如果孩子们的学业素养上不来，影响甚大。我们每一位老师都是通过学业水平测试读了大学，才成为教师的。对孩子们来讲，如果不能取得比较理想的成绩，可能会因此而改变他们的人生命运。尤其在昆山，升学竞争十分激烈，中考以后，只有不到一半的学生可以升入普通高中，大部分孩子只能到职业高中就读，这是十分残酷的！这些孩子甚至连高考的敲门砖都没有。

当然，在小学，尤其在小学低年级，孩子们的学习才刚刚起步，学业素养绝不仅仅是成绩。重要的是培养孩子们的学习兴趣、良好的学习习惯和持续的学习能力，即情感、态度与价值观，为其后续的学习发展奠定坚实的基础。

第二，学业素养是评价教师是否优秀的重要指标。

一个好老师，应当是既传道又授业，既强骨又扬长。教师真正的能耐是在育人的过程中，让学生的学业素养有较大提升。叶澜老师曾在《教师不仅仅是知识传递者，更是创造者》一文中提道"如果有学校或教师宣称我们只'育人'不'育分'，这不仅荒谬，家长也肯定不放心。因为现实不可能同意这样的观点：你教的学生考试是考不好的，然而你是个好教师。"

一个好老师，他的课堂教学必定是十分精彩的！课堂，是我们跟孩子们交流的重要场所，我们怎样让我们的课堂为孩子们所感兴趣，让孩子们在课堂上增长见识、懂得道理，是我们每天要思考的问题。

一个好老师，他的教学质量一定是轻负高效的！把课上好，是取得高质量教学的一个必要条件，但不是充分条件。要取得好的教学质量，必须要在教学认真（认真备课、认真上课、认真布置和批改作业、认真辅导、认真对待考试、认真组织课外活动）上全面地下功夫。备课、上课、作业、辅导等，一个都不能落下！上完课，就拍拍屁股走人的老师，教学水平再高，教学质量也不一定高。孩子们是各不相同的，接受能力也各不相同，我们只有因材施教，才能全面提高教学质量。

第三，学业素养是衡量学校是否优质的重要标尺。

评价一所学校是不是好学校，评价的维度有很多，标准也各不相同。但无论哪一种评价标准，学业素养都是不可或缺的重要部分。

昆山市教育局的综合考评方案中，"学生发展水平"共260分，其中学生的"学业发展水平"135分，占比超过50%，可见其重要性。而在社会评价中，人们看一所学校优不优质，一般首先看学生的学业素养，其次看学校的特色水平。学生的学业素养水平是家长是否择校而读的重要指标。

由此可见，无论是对于学生、对于老师，还是对于学校，学生的学业素养水平都太重要了！希望教导处下阶段能带领大家一起研究如何科学提升学生的学业素养。

提升质量有方法

（2021年1月14日）

顾庆荣主任是个严谨、认真、务实的人。上周的校长办公会议，我们谈到2021年1月的重点工作之一是要"一心一意抓质量"。我说："我来谈'为什么要抓质量'。"顾主任说："我来谈'怎么抓质量'。"为了给大家复习留有更多的时间，他建议把教师例会提前。

本周二，主题为"期末复习例谈"的震川论坛正式开讲。语文组俞虹老师从基础知识的复习、题型归类复习和发现问题、实现差异互补3个方面做了介绍。王毅豪老师则从研究试卷题型的角度出发，从生字词语、课文内容、阅读、课后习题、练习巩固5个方面进行了阐述。数学组李丹老师从精心设计调动兴趣、精选习题举一反三、培优扶差双管齐下、教学生复习方法、加强计算练习、调整心态6个方面分享了经验。英语组郭陆方圆老师则从及时总结归纳单元重要知识点，坚持每天默写基础词汇和课文，布置练习有差异、讲评练习有策略、反复强调出成效、理解题意很重要等方面讲述了自己的做法。随后，袁懿芳主任、顾庆荣主任和盛燕副校长分别做了学科类的总结性发言。大家都谈得非常好，相信听后大家也一定有不少收获。

学科不同，复习的方法也不尽相同，但总有共通之处。

我想，共通之处在于要对所学内容有所整理、概括、提升，让复习课有质有量，确保复习课的效率。同时，要重点关注两类学生：一类是及格临界生，要让他们充满信心。降低要求，允许反复；另一类是优秀临界生，要适度提升难度、科学讲解，争取优秀。

当然，教无定法。其实，我们上面谈的都是"术的层面"的东西，也是因为学期即将结束，只能从复习的角度谈。但是，若要真正全面提升学生的学业水平，恐要从"道的层面"来探索，从下学期开始，我建议教导处可以引领大家在这方面进行思考。

其实在本学期的上半段，我与行政领导们谈得比较多的是我们的管理要从"问题管理"向"方法管理"转变。现在，对于新教师的培养我们已经进行了梳理，方案已基本形成。其实，每年的新教师上岗遇到的问题都大同小异，有了方法，我们的新教师培养就可以依方案进行。

科学提升教学质量是不是也能摸索出一套方法？从道的层面可以怎么来引导？从术的层面怎么来细化？这些都是可以研究的。如果真能形成一套我们自己的方法，那我们就都能成为提升教学质量方面的专家了！

当然，这个难度很大。

考核评优

（2021年1月15日）

最近几天，各组都在进行2020年度考核评优工作。纵观整个震川团队，在2020年大家都十分努力，成绩都十分突出，成长也都十分迅速，我想这是2020年我们最大的收获。

考核评优的主要目的在于：通过评选，把优秀的教师推选出来，树立典型，形成良好的争先进位的工作氛围，从而促进学校教育事业的科学发展。

因此，整个评优的过程就十分重要，我们必须坚持"公开、公平、公正"的原则，把真正的优秀教师评选出来。

一接到教育局通知，学校便成立了年度考核领导小组，部署学校考核评优工作。同时，拟定《震川小学2020年度考核办法》，组织教职工学习相关文件。本周初，分组进行述职，推荐优秀候选人。为避免行政人员占据过多名额，将行政组单列推荐。在民主推荐的基础上，考核领导小组结合候选人平时工作情况进行再次评选审核，最终确定优秀名单。整个过程是公开、透明的。

但是，限于优秀名额的限制，还是有很多优秀的教师未能获得优秀称号。那么，我们该如何正确认识考核评优的结果呢？

第一，要注重过程。评选的过程、述职的过程，我想就是我们学习他人所长的过程，在这个过程中有所收获、有所感悟，这是非常重要的。

第二，要看淡结果。即使未荣获优秀称号，也并不代表我们不优秀。只需要努力地做好自己的本职工作，获得学校师生和家长们的认可，就算没有这个优秀称号，你依然是一名优秀的老师。

第三，要相互理解。年轻教师要尊重老教师，他们教学经验丰富，在学校承担着引领作用，对学校发展的贡献更大；老教师要关心年轻教师，他们刚参加工作，渴望成长，渴望肯定，优秀称号对他们的发展很重要。但优秀不是谦让来的，真正评选出优秀者才是评优的目的。

马上又要进行教师的奖励型绩效考核了，绩效考核涉及师德师风、德育工作、教学工作、教科工作等各个方面，同时考核分数又直接与奖金挂钩。因此，我们要有正确的认识：重点关注的不应该是我比他少拿了多少，而应该是我为什么比她拿得少，哪方面的工作我还有待于加强！

在上周的校长办公会议上，我们讨论并确定了震川小学的评优项目，除了每年年末的年度考核评优外，我们将在每个学年末（6月）评选震川小学优秀教师、优秀班主任，并从中推荐昆山市优秀教育工作者、优秀班主任等。每3年将评选一次"追光之星"，以表彰3年来对学校发展有突出贡献的教职员工及优秀学生。

希望以此来推选出更多的优秀师生，让震川校园成为真正的追光校园！

考核评优

最爱震川藏书楼

（2021年1月15日）

我第一次正式踏进震川小学是在2018年7月。

那时，震川小学尚未完全竣工。顾晓波[1]副校长饶有兴致地带我在全校兜了一圈，走到图书馆，顾校长颇为自豪地对我说："我们这个图书馆一共有3层，这在昆山学校里应该是比较少见的！"

我第一眼看到这个图书馆，便深深喜欢上了它。我当时想，一定要把震川小学的图书馆办成最好的学校图书馆之一！

刚来震川小学，学校百废待兴，一切都是空的。应该把震川小学办成什么样的学校？我们9个行政人员开始反复学习、思考、讨论。好在震川小学是以先贤归有光之号命名的，这给我们指明了方向，这个问题也就变成了"命题作文"。我们查阅文献资料，到昆山震川高级中学学习，去上海市嘉定区安亭震川中学实地考察，结合学校实际来进行顶层设计。

最终，我们确立了将"追光震川"作为学校校园文化品牌，确立了将"是学校，也是图书馆"作为学校建设、发展的主要理念之一。

接着便是设计、修改、招标、施工。2019年年底，图书馆终于要完工了，设计师说："叫震川图书馆吗？"我说："既然是3层，是楼了，就叫'震川藏书楼'吧！"于是，请了江苏省书协副主席、苏州市书协主席王伟林老师题写了楼名。2020年1月，放寒假前夕，震川藏书楼正式与大家见面了。

震川藏书楼，采用新中式装修风格，整栋楼都充满了书香气息。踏入藏书楼，仿佛穿越到了古代。

藏书楼一楼左首为"世美堂"，世美堂原是震川先生之妻王氏祖上的堂号。明嘉靖年间，王家的一个曾孙因为欠债，就把世美堂卖了出去。其妻王氏曰："君在，不可使人顿有《季离》之悲。"归有光亦"爱其居闲静"，于是他就筹了一笔钱，把世美堂买了回来。自此，世美堂就成了归有光的藏书阁。我们把世美堂置于藏书楼中，便是想表达对震川先生的一种敬仰。走进世美堂，仿佛与先生同进共读。

世美堂对面是长兴阁。归有光60岁考中进士，赴长兴担任知县，为官一任，造福一方。为纪念他此段经历，我们于是把藏书楼一楼北间命名为长兴阁。长兴

---

[1]顾晓波，震川小学第一任副校长，前期曾参与震川小学筹建工作。

阁分东、西两进，东间为阅览区域，西间有一个小舞台，可供读书会交流之用。藏书楼一楼中部为"会文厅"，放置的主要是绘本，是孩子们楼内阅读最喜欢的区域之一。

藏书楼二楼、三楼结构与一楼相仿，每层3个空间。二楼以文渊阁为中心，两边分别为山舍书廊和淮上书廊，三楼以陶庵厅为中心，两边分别是经世书廊和载道书廊。

大家都很喜欢震川藏书楼。

但是，困扰的问题随后便来了：这么大的藏书空间，书从何而来？

2019年，我们向昆山开发区财政局和社管局申请了20万元的购书资金，财政局管局长、赵局长和社管局王局长、顾局长都很支持。可是，当书买回来放置在藏书楼时，我们才发现20万元的图书只是杯水车薪。2020年，我们再次申请了40万元的购书资金，领导们依旧十分支持。当第二批次的图书上架后，藏书楼一层放满了，开始有了些模样。2021年，我们又再次申请了40万元的购书资金，昆山开发区财政分局华副局长说："今年财政资金紧张，能否缩至20万？"我们说好的。没想到的是，下达指标时，华副局长仍拨付了40万元的购书资金给震川藏书楼购书！我们都十分高兴，也替孩子们高兴。

不久前，我与袁干斌主任、顾庆荣主任谈起，今年藏书楼新购之书，我们必须严格把关，一定要选择一批高质量、师生喜爱的经典书籍！我说："藏书楼要有经典之书来压馆！"老袁说："书目我来挑选，我已初步有了思考。以后'世美堂'内的藏书必须全是高质量的上乘书籍！"我们十分期待2021年的新购图书。

震川藏书楼虽然于2020年1月完工，但受新冠疫情的影响，我们到5月中旬才开学。开学后，由于疫情防控的需要，藏书楼也一直未开放。到了9月，第二批图书上架完成，我说："一定要让孩子们进藏书楼了！"国庆过后，藏书楼便开始忙碌起来。

我们的图书管理员是徐铱霞老师，一个人根本应付不过来，于是我们又抽调了档案室管理员陆悦老师一起进藏书楼工作。每天5至6个班借书、还书、上架、整理，有损坏的还要修补，两个人忙得团团转。但她们似乎很高兴，她们说："看着孩子们借到喜欢的书时那一刻的笑容，所有的辛苦都值了！"是啊，孩子们纯真的笑脸果真能抵消我们所有的劳累！

马上又要放寒假了，一年级的孩子们已经学完了拼音，可以读注音读物了，我们一定也要让他们体验借书的快乐、阅读的快乐。我们在行政会议上已经讨论决定了：今年寒假，让每个一年级孩子借阅5本书回家阅读，二、三年级的孩子借阅10本书回家阅读。让他们的寒假也充满书香！

　　震川藏书楼，我甚爱之。我的同事们也甚爱之。相信孩子们也一定最爱藏书楼！

疫情防控不放松

（2021年1月18日）

临近年末，疫情反复。

最近，河北石家庄与黑龙江绥化的疫情牵动着国人的心。2020年的这个时候，新冠疫情逐渐扩散，以致后来全面暴发。为控制疫情进一步扩展，全国从上到下都十分重视。上周，社管局专门召开学校防控会议，顾勇副局长在会上布置了相关工作。

学校的疫情防控工作尤其不能松懈，全校上下必须严格落实疫情防控措施，严肃认真地抓好防疫工作。

1. 寒假前

要做好"四个一"工作。一要开展好师生的防控教育工作，从思想上重视，从行动上落实；二要做好"一人一档"工作，做到对每位师生底数清，行程可查询；三要做好隐患排查工作，确保安全；四要加强家校联系，做好家长留昆山过年的动员工作。

2. 寒假中

做好校园的封闭式管理，严禁任何校外人员入校。动员教职员工在昆山过年，非必要不离苏。严禁前往中、高风险地区及境外。加强师生健康排查，做到日报告、零报告。准备好一定量的防疫物资，以备不时之需。

3. 开学前

提交开学前14天的体温监测情况。有中、高风险地区行程史的提供7天内核酸检测阴性证明。开学前在中、高风险地区（以返校日公布的名单为准）的暂不返校。

再过3天就要进行期末考试了，本学期的休业式采用线上的方式进行，孩子们不再来校。相关工作我们要在离校前布置妥当。1月29日寒假也将正式开始，我们有17位家在苏州大市以外的教师，欢迎大家2021年留在昆山过年！也请工会朱玲珍主席做好相关工作安排，让留在昆山过年的老师也能体会昆山的年味，体会昆山的习俗，让大家早日真正成为昆山人！

我为学校发展献一计

（2021年1月21日）

2021年伊始，在工会朱玲珍主席的倡议下，全体教职工参与了"我为学校发展献一计"的活动。

朱玲珍主席的倡议书写得很好：

"目前，学校的三年规划已基本达成。接下来学校处于发展的关键期，我们该为学校的发展做些什么？""希望大家围绕对'震川小学在全新的条件下该如何发展'的思考，就工作中的感受提出自己的意见与建议；围绕学校发展的热点、难点问题出谋划策；围绕如何加强管理、提高教育教学质量出主意……"

本周，当朱主席把反馈汇总给我的时候，我惊愕了：一是惊愕于主席工作的一丝不苟，所有献计献策逐条汇总，共计16份68人46条建议；二是惊愕于大家的深入细致，有些建议我们已经有所思考，有些建议也给学校管理者们很多启发。

第一，在建议中，有关注学校整体发展的。如：可以设计一面墙，设置"震川年历"，记录学校大事件、变迁、成就。每个班以一位名人命名，如"归有光班""李清照班"等，以增添学校的文化氛围及走廊书香气息。可以在学校台阶增设文化布置（标语、名人、名言、绘画）。固定每学期开展各科活动的时间，诸如体育活动时间为10月，美术活动时间为12月等，避免集中在学期后半段组织各类活动，造成各方面的冲突。重视体育科学发展，我们的书香校园已成规模，"一动一静"要均衡发展。

第二，在建议中，有关注学校安全的。如：在教室饮水机插头太短，加个插座不安全。学校楼层天花板上的墙皮一直在脱落，建议修复完善。将操场尽快翻新，避免杂物出现在操场上，发生不必要的安全事故。现有体温枪使用率太低，时间长，测不准，经常失效，希望能够配备准确高效的测温仪。可以在北门安装门禁卡，方便骑电瓶车老师打卡。

第三，在建议中，有关注生活的。如：可以进一步改善食堂伙食，适当增加些酸奶、水果。提高校园绿植的多样化，多种一些观赏性强或能结果实的植物。可以建个教师活动室，丰富教师生活，让老师们锻炼身体，休闲娱乐。

第四，在建议中，有关注学习的。如：早读时间太短，英语和语文需要学生多读、多背，建议延长学生的早读时间。建议图书馆智能借书系统可以更优化一点，图书分类能更细致一点，便于师生找书。增加图书馆教师阅读书籍的种类和数量。E栋教学楼需要联网。

第五，在建议中，有从学生的角度出发的。如：建议班级安装空调，孩子们手冻得无法写字。下午第二节课前5分钟增加室内操，帮助小朋友活动筋骨，避免其久坐带来的颈椎压迫。每日大课间进行体育活动，将红领巾广播及晨会时间进行调整，保障学生每天在校体育活动时间至少有1小时。

……

大家都提得非常好！我们将专题召开校长办公会议研究相关建议。能采纳的建议，将在下学期进行实施；能采纳但实施条件不成熟的建议，我们将积极向上争取予以落实；有参考价值的建议，我们将结合实际进行调整并落实；无法采纳的建议，我们也向建议者表示感谢。

研究后，所有建议均会向建议者当面答复。

震川小学的发展离不开全体教职员工的努力，"我为学校发展献一计"正是大家参与学校民主管理的有效途径。2021年是第一次搞建议活动，以后我们还会在学期末进行集中的"献计活动"。当然，学期当中大家如有好的建议，也可直接向学校提出。

凝聚集体智慧，才能更好地促进学校各项工作的全面、协调开展！

再次向大家表示感谢！

教学基本功大赛

（2021年1月25日）

震川小学有两项关于青年教师的重要赛事，一项是教学大比武，另一项是基本功大赛。这两项比赛交替进行，每半年举行一项，立足于青年教师的培养，旨在促进青年教师的成长。我们意在把这两项比赛打造成震川小学青年教师成长与展示的重要平台。

今天，震川小学第二届青年教师基本功大赛如期举行。本次比赛共分3个项目进行：教育写作、粉笔字、经典诵读。

1. 教育写作

这次的写作题目与"书"有关。要求在40分钟的时间内，完成一篇1000字左右的文章，体裁不限。这真是一件高难度的事。

好在震川小学是以书香作为学校特色的，大家从小到大都与书为友，话题应该也不少，想来写起来也会得心应手些。中午，我便到袁干斌主任处，索要大家的作品来欣赏。

大家的文章给了我很多震撼。有写《旧书》的："什么样的书是旧书呢？它可能不精美，可能有些残破，但这样的旧书是我的心头好。"有写《盼书》的："在我印象中，最盼望书籍围绕身边……"有写《品书》的："品书，是一次心和灵魂都在路上的旅程。眼光流转，书页翻动，几分心绪顿上眉头。"有写《书籍的味道》的："关于书籍，我认为它就像一杯茶，需要时间去慢慢品尝其中的滋味，需要阅历去体悟其中的道理。"还有的写《相遇》《书香致远》《书的事》《两本小人书》《一缕书香入梦来》……

每一篇读来都特别有味，这或许就是书香。

2. 粉笔字

本次的粉笔字比赛，顾庆荣主任建议语文组每人在指定教室完成一份教学板书设计，其他组在学校统一下发的小黑板上，完成一首古诗书写。我和袁主任都觉得很好。尤其是语文组，既然是教学基本功，与教学关联越紧密就越有用。

果真，大家都发挥了聪明才智，一面面板书，就是一篇篇课文赏析，就是老师对课文的理解，就是老师对课堂教学的引领。

如果下届青年教师基本功大赛能将板书设计扩展到全学科，能将自选课题改变为指定课题,那就更能体现出个人的教学基本功了。

3.经典诵读

比赛要求是自选一篇文章(教育类或文学类)进行准备,现场诵读,要求配乐并做好背景设计,时间3~5分钟。

我没有到现场聆听,但从视频中来看,大家准备得还是十分充分的,尤其是有几位老师全程背诵,功力可见一斑。

教学基本功是我们作为教师必不可少的一项重要技能,江苏省也定期举行青年教师教学基本功大赛。由于徐少骏老师获得了苏州市素养大赛一等奖,3月,他将代表昆山市参加苏州市小学数学青年教师基本功大赛,内容包括通用技能(粉笔字、即兴演讲、教学设计与课件制作、课堂教学)和专业技能(教育教学理论常识、数学学科知识与常识)比赛。我们期待徐老师在比赛中取得理想的成绩,我们以后的青年教师基本功大赛的项目设置也将慢慢向省赛靠拢。

归有光纪念馆落成记

（2021年1月26日）

  经世楼是震川小学的综合楼，共三层。我们一合计，一楼、二楼空着怪可惜的，可以充分利用起来，于是便萌生了建造归有光纪念馆的念头。

  顾炎武千灯故居保存完整，亭林园设有纪念馆，而同为昆山三贤之一的归有光，在昆山却没有纪念馆。2019年年初，我把相关想法向时任市文体广旅局的闵红伟局长做了汇报。闵局长很重视，还亲自前来震川小学察看场地，看其是否具有可行性。大概半个月后，闵局长打来电话，说："我已在市里做了汇报，原则上同意把归有光纪念馆建在震川小学。建设经费由开发区协调。"

  当我把这个好消息告知大家的时候，大家都很兴奋。

  不久，市文体广旅局的张文英副局长和宗琮科长带着陈益老师也一起来到了学校，并对场地进行了复审。陈益老师是研究归有光的专家，曾著有归有光传记《项脊之光》，谈起归有光如数家珍，为建馆注入了十足的底气。我谈了初步设想：一楼局部复原项脊轩，二楼建馆。大家表示同意。

  后来有几家设计公司来校测量、设计纪念馆。但由于建馆费用尚未明确，所以到2019年，纪念馆也只是停留在纸上。11月中旬，在市文体广旅局与社管局的协调下，开发区财政将归有光纪念馆建设费用列入了2020年预算。至此，纪念馆建馆迈出了实质性的一步。

  2020年上半年，受新冠疫情的影响，相关工作受到搁置。5月，疫情得到一定控制，张文英副局长约顾勇副局长和校方一起商谈建馆事宜，于是明确：建设资金由社管局划拨至学校账户，招投标工作由学校进行，社管局、市文体广旅局派专家指导建馆。

  建馆工作驶上了快车道。

  6月，张副局长和顾副局长邀请专家到校进行方案的论证，与会专家有陈益老师、程振旅老师、王清副局长，宗琮科长全程参与。会上明确纪念馆布馆内容以归有光生平为线索，以青少年为主要参观对象，一楼东部复原项脊轩，西部可以结合"是学校，也是图书馆"的理念设置阅读区域。

  暑期，纪念馆进行了招标工作。10月1日，归有光纪念馆正式动工。一个月后，归有光纪念馆布馆格局基本完成，该最后确定馆内展示内容了。展馆内容是归有光纪念馆的核心与灵魂，为确保内容既正确无误，又适合青少年阅读，我们又邀请了陈益老师来校研讨、确定。陈老师很忙碌，但对建馆事宜十分关心，接到我们的电话后总是立马赶来。后来他又来过两次，我们一起在藏书楼里商讨，虽然天气很冷，但陈老师仍能逐篇、逐字校对，其敬业精神让人折服！

12月底，归有光纪念馆工程基本接近尾声。

二楼归有光纪念馆馆展内容共分四大板块。第一板块是"项脊之光"，主要展示了归有光的青少年时代，包括"名字由来""稚子早慧""严母教育""五色笔学史记"等内容。第二板块是"世美之堂"，主要展示了他在文学上的成就，包括"明文第一""文学主张""勇抗巨子""讲学论道"等内容。第三板块是"从政之路"，主要讲述了归有光自60岁起当官的经历，包括"艰难科举"，与吴承恩"共事梦鼎堂""惠爱从政""鞠躬尽瘁"等内容。第四板块是"乡梓之情"，主要展示了归有光关心时政、忧国忧民的事迹，包括"水利之论""抗倭方略""经济见解""嘉定四先生"等内容。

一楼分两部分，东首为项脊轩，归有光记述项脊轩的主要作品有两篇，一篇是《项脊轩志》，另一篇是《书斋铭》，我们依据作品描述进行了局部复原。陈益老师说："项脊轩应是明初建筑，要有明代的感觉。"于是要求施工方按明代样式建旧如旧。除了项脊轩外，我们还建造了畏垒亭，种植了枇杷树，北墙之上全文呈现了《项脊轩志》。一楼的西面是昆山图书馆·项脊分馆，因分馆就在项脊轩旁，故取名"项脊分馆"。

2020年年中，苏州书协王伟林主席来校看我，他说："下半年，你可以搞个书法家进校园活动，让书法家们为学校添些墨宝。"11月，在张斌老师、霍正斌老师的沟通联系下，活动圆满举行。同时，也为即将竣工的归有光纪念馆进行了题词。王伟林主席题写了"归有光纪念馆"，陆家衡老师题写了"项脊轩""世美堂"，王金春主席题写了"昆山图书馆·项脊分馆"，王清局长题写了"畏垒亭"。张斌主席题写了"儒术岂虚谈，水利书成，功在三江宜血食；经师偏晚达，专家论定，狂如七子也心降"，这是林则徐道光十四年（1834）在安亭震川书院为归有光所题，是对归有光一生的评价。此联放置在归有光纪念馆中归有光像的两侧。

如今，归有光纪念馆基本建成。开发区文体站的谭荣站长说："得办一个开馆仪式。"我说："好！待明年春暖花开之时！"

归有光纪念馆从设想到落成，两年有余，其间得诸多领导、专家、友人、同事相助，实属不易，一并致谢。

特记之。

我们的震川

（2021年1月28日）

今天举行的"我们的震川——我的2020成长分享会"，让人十分感动！全体教职工共同回顾了不平凡的2020年，聆听震川人的成长故事。

朱于辉老师吟诵了李白的名篇《将进酒》，拉开了本次分享会的序幕。接着，徐敏慧老师、郑芳芳老师、沈崇旖3位老师分别从班级管理、课堂教学、个人发展3个方面分享了她们的成长经历。新人入职不慌张，赛课教研不迷茫，从一个个故事中，我们感受到了每一位老师在从教之路上的辛勤付出与默默耕耘。成长，正在萌芽。

接着，胡嘉仪老师与大家分享了不久前举行的青年教师基本功大赛中她撰写的《书的事》。书的事，也是成长的事，我们正与学生一起走在学习的道路上。

分享会的下半程，叶樱老师、全超老师、王亚萍老师为我们带来了她们在2020年的成长故事。叶老师用艺术治愈心灵，全老师分享了"学生和家长"及"学习和阅读"。王老师分享了"与家长站在一起"的故事。3位震川一期的老师，如今已渐成学校骨干！

这个冬天有点冷，但寒冷的季节里，正孕育着春的信息。毛雨溪老师为大家带来了朱自清的名篇《春》。"春天像刚落地的娃娃，春天像小姑娘，春天像健壮的青年……"朱自清笔下的春与我们的震川何其相似，二者均在生根长叶，蓬勃发展！

…………

2020年，正因为特殊，所以更会被铭记。

这一年，我们付出了很多，也收获了很多。最大的收获，我想便是我们的成长！我认为，教师的成长大概有三个层面。

第一个层面，是方法技能的层面。我们的教学基本功、上课的艺术、育人的技巧，都是属于这一层面。这一层面直接影响我们的教育教学行为，也是最实用的一个层面。

第二个层面，是理念思维的层面。对于教师而言，便是我们的教学理念、育人思想。比如，我们所提出的"两全"理念（关注全体学生，关注全面发展），这些理念会直接影响与指引我们的教育教学行为。同一个问题，解决的方法有多种，但不同理念引发不同的思维方式，解决方法也就不同了。

第三个层面，是人生实现的层面。我想做一个怎样的老师？我想要拥有怎样的教育生涯？带着这样的思考，然后踏踏实实地付诸实践。在这个努力的过程中，哪怕付出再多、牺牲再多，也无怨无悔。不求名利，只为实现人生理想。人生实现，即人生价值的实现，让我们的教育生涯有意义，让我们的人生有幸福。

希望在崭新的2021年里，大家都能有更多的成长，有更多的动人故事。希望大家都能成为那个让孩子铭记一生的好老师！

找寻苏州的年味

（2021年1月31日）

2021年过年既然不能离苏，那么就跟着归有光一起找寻苏州的年味，岂不美哉？

归有光的名篇《吴山图记》有云："吴、长洲二县，在郡治所，分境而治。而郡西诸山，皆在吴县。其最高者，穹窿、阳山、邓尉、西脊、铜井。而灵岩，吴之故宫在焉，尚有西子之遗迹。若虎丘、剑池及天平、尚方、支硎，皆胜地也。而太湖汪洋三万六千顷，七十二峰沉浸其间，则海内之奇观矣。"

《吴山图记》所记均是苏州境内的名胜。

穹窿山我去过几回，位于苏州西郊，为太湖东岸群山之冠，是苏州境内的最高峰。山中景色优美，当年古代大军事家孙子隐居在此，并写出了中国历史上第一部兵法书《孙子兵法》。清乾隆帝六次临山，如今登山"御道"仍在；西汉大臣朱买臣，曾在此砍柴、读书……新的一年里，若能登上主峰箬帽峰，纵览太湖美景，倒也趣味十足。

阳山，在苏州市西北郊，位于穹窿山北，主峰箭阙峰海拔338.2米，为苏州境内的第二高峰。周边有景点大阳山森林公园、阳山植物园等。我去得最多的是大阳山北麓的树山村，云泉茶、杨梅、翠冠梨为"树山三宝"。每年春天，满山皆是梨花，真是千树万树梨花开，美不胜收！逢年过节，树山都会举办相应的庆祝活动，2021年肯定更胜往年。过年的时候，去树山登临大石山奇峰，探怪石、异洞、石刻，同时体会苏州过节习俗，定不虚此行！

邓尉山，因东汉时邓禹曾隐居此山而得名。邓尉山在光福境内，以"香雪海"最为著名。我在苏州读书5年，常闻香雪海之名，学生时代却未曾到访，甚是遗憾。工作以后，我倒成了香雪海的常客。去香雪海最佳的时节便是春节期间，天气一冷，各色梅花便争相开放，从山顶向下望去，一片梅海，人行其中，似在仙境……

灵岩山和天平山，是木渎境内的两座名山。春秋时期，吴王夫差曾在灵岩为西施建馆娃宫，据传今灵岩山寺一带即馆娃宫的遗址。灵岩山北，因山顶方平，故名天平山，范仲淹祠就在天平山。天平山的红枫乃天下一绝，每年11月下旬，必满是赏枫之人。灵岩山和天平山两山之间有一条步道，近年来为徒步爱好者所热衷，新年时节，三五好友一起徒步于灵岩、天平之间，亦是一个不错的选择！

虎丘是吴中第一胜境，苏东坡曾说"到苏州不游虎丘乃憾事也"。相传，春秋时期吴王阖闾葬于此，三日有虎踞于上，故名。山高约36米，古树参天，山小景多，千年虎丘塔矗立山巅。拙政园十步一景，虎丘却是三步一故事，且每年春节，虎丘都会举办春节年会活动，过年不去虎丘岂非憾事？

尚方山，即上方山，现为上方山国家森林公园。上方山古迹众多，治平寺、越公井、冽泉亭、楞伽寺、茶磨屿、吴王射台、石湖书院、范文穆公祠……这些都不失为值得一览的景点。不久前，原位于苏州东园的苏州动物园整体搬迁至上方山下，有孩子的家长过年带孩子去一次上方山森林动物世界，一定很有意义！

至于太湖七十二峰，则是指太湖中的各个岛屿。太湖中有大小岛屿48个，加上沿湖的山峰和半岛，号称"七十二峰"。尤以洞庭东山、西山、马山、鼋头渚最为有名。马山、鼋头渚在无锡，而东山、西山则在苏州，可以一去。过年期间，驱车驶过太湖大桥，可在西山岛上觅一住处，白天在明月湾的古樟树下品茗，傍晚在太湖边赏日落，间或泛舟于碧波太湖之上。

湖心之中，静坐于舟，云淡风轻，群峰若现，实为人生一大快事……

文化立校行与思

雨景图　归有光

小朋独静居

把画图披

瑶瓦转

调雨顺时

2月

努力全面实现"三年规划"工作目标 [1]

（2021年2月21日）

老师们：

大家好！我认为，一所学校每学年有3个全体教职工会议是非常重要的。

第一个会议是每学年开学初8月底的学年工作会议，这个会议要谋划一学年学校的发展蓝图，是个统领全局工作的会议，大家统一思想、统一认识；第二个会议是每学年中段，也就是第一学期结束、第二学期开始之际的会议，此时学年已经过半，各项工作推进得如何，重点工作有没有突破，有没有弱项工作要在第二学期加强，都必须在这个会议上得到落实；第三个会议是每学年末，也就是第二学期6月底的学年工作总结会议，这个会议要对一学年工作目标逐条检验、分析达成情况，提出进一步的发展目标，分析达成度打折扣的原因，以便下学年改进和落实。

今天的这个会议，是一学年中的第二个重要会议，实际上也是最务实的一个会议。

本学期是震川小学创办3年来的最后一个学期。时光如流，岁月不居，3年时光匆匆而过。回想学校开办之初，我们就把"着力打造具有震川精神浸润的高品质基础教育学校"作为办学目标，并制定了学校发展的三年规划：第一年，定位发展；第二年，全面启动；第三年，初具雏形。3年来，我们通过学习讨论，形成了对学校发展定位的共识，全面启动并实施各项学校发展工程，办学质量、学校品牌也逐步得到家长及社会各界的认可。2021年上半年，是学校三年规划的收官之年，需要我们全体震川人群策群力、扎实奋进，充分发挥自己的聪明才智，为学校三年规划工作目标的圆满实现贡献我们的力量。

本学期，我们工作的指导思想是：认真学习贯彻《国家中长期教育改革和发展规划纲要》及上级部门教育工作会议精神，以学校内涵发展为主题，以教学改革创新为突破口，内强素质，外树形象，扎实推进"是学校，也是图书馆"的学校品牌创建工程，切实做到"教师发展，学生发展，学校发展"的和谐同步，努力推动震川小学向"特色名校"目标迈进的进程，实现学校办学水平的不断提升。

本学期我们重点要做好如下几项工作。

---

[1]这是笔者在2020—2021学年第二学期开学工作会议上的讲话，标题为《内强素质，外树形象，努力全面实现三年规划工作目标》。

一、教师成长方面：践行"人才强教"，加强教师队伍建设

1. 关心和引导教师发展

（1）"项脊之光"党建引领。进一步打造"项脊之光"党建品牌，赋予"项脊党建"更多内涵，为党建注入新的内容。全面引领学校各项工作开展，全面引导教师发展方向。深化师德师风教育，全面加强教师队伍思想政治工作，将职业理想、职业道德及心理健康教育贯穿教师管理全过程。（工作"三问"——为什么、是什么、做什么及"三好"标准讨论）

（2）"追光之星"典范评选。建立"追光之星"评选制度，初步拟定以三年为一个周期，表彰在这一阶段为学校发展做出重要贡献的教职工，让"追光之星"成为震川校园内含金量最高的一个荣誉。通过挖掘"追光之星"优秀教师典范，使全体教师自觉做到以德立身、以德立学、以德施教。

（3）"追光校园"全面营造。工会及各科室要全面关心教职工的学习、生活、工作，积极开展有益于教师成长、发展的各类活动（如成长沙龙、体育锻炼等），营造积极、乐观、阳光、向上的震川校园氛围，让每一位教师都成为"追光校园"里的一盏灯、一束光，这样，震川校园才能成为真正的"追光校园"。

2. 加大教师培养力度

（1）健全青年教师培训培养体系。目前，学校共有三期震川青年教师。震川一期青年教师入校最早，成长也最快。震川二期青年教师也当仁不让，崭露头角者甚多。震川三期青年教师用努力证明着自己的实力。我们要积极组织青年教师参加"一二三"培养工程和以五年为一个周期的教师全员培训，落实学校青蓝工程、师徒结对、导师制等项目，让青年教师快速成长。

（2）成立学科专家指导团。针对各学科发展不平衡的问题，本学期我们将针对各个学科聘请校外专家，成立学科专家指导团。定期或不定期来学校听课、评课、磨课、研讨和讲学；创新教研组研讨模式，引导教师在实践中思考，在思考中实践，突出校本培训的针对性和实效性，使青年教师走上成长成才"快车道"。选拔优秀青年教师外出上课、参赛，推荐更多青年教师进入名师工作室，努力打造高素质教师队伍。

3、活动助力教师成长

（1）全面推行大组课堂教学研讨。语文组推行大组课堂教学研讨很有成效，组织大组课堂教学研讨活动，分享教学实践智慧，共同探讨提高课堂教学效益的途径和方法，有效地提高了教师的教学水平。教导处可以在此基础上形成方

法,向全学科推行。(从"问题管理"到"方法管理")

(2) 全面深入主课题研究。围绕学校主课题"基于'震川文化'的无边界阅读支撑系统的构建研究"开展研讨交流活动,以阅读指导、案例编制、论文撰写等为抓手,将课题研究不断引向深入。

(3) 全面构建书香教师。以"项脊轩"青年教师读书会为依托,制订教师读书计划,确定具体的读书书目,引导青年教师进行"教师专业成长"专项阅读,不断提升青年教师的专业素养,使其积极为《杏花书屋》撰稿。

(4) 继续开展课堂教学大比武活动。本学期,我们将继续开展青年教师课堂教学大比武活动,使青年教师的教育、教学、科研、班级管理水平有明显的提高。争取承办市级教学研讨或课题研究展示活动,为青年教师搭建舞台,展示学校青年教师风采。

二、学生培养方面:落实"两全"要求,促进学生健康成长

1.夯实德育基础,培养"心正情真"小公民

(1) 加强"五个好"教育。进一步完善常规评比细则,本学期的学生规范突出"五个好",即"说好话、走好路、吃好饭、做好值日、坐好车"的行为教育,并将利用红领巾广播、电视台、学校微信公众号等,围绕"五个好"开展全校教育及班级、个人的表彰。

(2) 继续用好《生活指导手册》。认真利用好每个双周周三的生活课堂,使学生通过课堂教学学习生活本领。教学当天向家长发布生活课堂的教学内容,了解生活作业的完成情况,通过家长的配合使学生在实践中掌握生活本领。

(3) 做好顶层德育设计。本学期,我们还将拟定"震川文化视域下儿童'心正情真'品格培养的实践研究"课题方案,以"心正情真"(正直、善良)为核心道德品质,细化为学习、生活、行为处事方面的核心好习惯,与震川精神相匹配,与学生发展相融合,并积极申报省、市级课题,以课题研究引领学校德育工作走向深入,促进学生更加健康发展。

2.抓好学科教学,提升学生学业水平

(1) 抓好课堂教学主阵地。各学科均要把好质量关,扎扎实实完成学科教学任务。结合上学期学生学习状况,跟踪分析,尤其要针对薄弱环节进行调查、分析和改进。向课堂40分钟要质量,每位教师要把好课堂教学关,正确把握课堂教学目标,努力探索课堂教学的新方法、新思路、新样式,要多研究学生课堂的表现,提高自己在课堂教学中的适应能力与应变能力,让课堂真正成为学生发展

的主阵地。

（2）及时调整策略方法。要切实了解学生学业的掌握情况，对平时各阶段的检测情况进行深入总结与反思，及时分析教学中存在的优缺点，提出改善的措施。音、体、美等学科开学即要制定具体的学科要求，学期中对学生的学习情况做好监测工作，期末用统测、抽测的方式对学生进行评价。与此同时，抓好学习习惯的培养，努力养成孩子们笃学崇实的学习态度和知行合一的学习能力，为孩子的终身学习打下坚实的基础。

提升学业水平是一个系统工程，希望教导处和各教研组也能摸索出一套切实有用的科学方法，并使其成为震川小学"方法管理"宝箱中的一宝。

3. 关注全体学生，促进学生全面发展

（1）体育。认真组织每一天的大课间活动，合理安排学习、活动时间。组织好学科系列活动，充分展示学生风采，丰富学生的校园生活。开齐开足体育课程，保障学生每天在校体育锻炼的时间不少于1小时。认真组织各类学生体育竞赛，帮助学生在体育锻炼中享受乐趣、增强体质、健全人格、锤炼意志。本学期增设"室内操"，同时要继续做好"护眼操"。

（2）美育。实施学校美育提升行动，深入推进音乐、美术、书法等课程，丰富校内外艺术实践活动，开放"追光剧场"，安排有乐器特长的学生登台演奏，促进学生的特长发展。

（3）科学素养。以活动为载体，以项目为抓手，提高学生参与科技活动的积极性。本学期继续全面开展各类社团活动，有计划地打造重点社团，使其早出成绩、出好成绩。以活动促成长，实现我们理想中的"身心健康、品格高尚、学习出众、兴趣广泛，同时又有艺术、体育才能"的震川学子培养目标。

本学期重点组织开展"读书节""十岁成长礼"两项活动。

三、学校发展方面：加强内涵建设，打造"震川书院"品牌

1. 发挥环境育人功效

（1）"追光震川"校园文化发布。以"震川六景"为抓手，打造图书馆式的校园文化。现在，学校校园内部文化建设工程已基本完工。也是庭中"是学校，也是图书馆"8个大字，彰显着学校的办学理念；上下3层的震川藏书楼有图书近5万册，达到师生借阅要求，也为我们源源不断地提供精神食粮；由藏书楼延伸到室外的开甫廊，成为开放式阅读区，各班级自己建设和管理的班级图书角，已成为孩子们课余时间最爱去的地方之一；菊窗轩环境宜人，在昆山所有学校教师餐厅中首屈一指；震川纪念馆即将通过验收，并陆续对学生及校外人员开放；震川园也初具规模，本学期我们将以"震川农场"的方式进行开放，实施劳动体验活动，安排学生参与播种、照料和收获，帮助学生掌握基本的劳动知识和技能，培养学生正确的劳动价值观和良好的劳动品质。

2021年春暖花开之季，我们将举行"追光震川"校园文化发布会，发布会将全面、系统地呈现追光文化，以活动来提升学校品牌影响力。

(2) 归有光纪念馆开馆。归有光纪念馆是昆山市级展馆。市级展馆放在一个学校内部，在昆山可能是首例，在苏州范围内也很少见。本学期，归有光纪念馆要举行开馆仪式，届时各级领导、文史专家、归氏后人、教师代表、家长代表及学生代表将参加开馆仪式。同时，我们要做好与归有光相关的校本课程，让震川小学的师生熟知归有光，让震川校园真正被"震川精神"所浸润。

2. 凸显学校办学特色

(1) 理念：是学校，也是图书馆。内涵发展其实也是一种特色发展。本学期，我们要进一步牢固树立"特色立校"的理念，将办学特色放在学校改革与发展的突出地位，在特色的形成和品牌的培育中使学校上升到一个新的更高的水平。震川小学的特色就是"阅读"，"震川精神"的浸润离不开阅读，"高品质"基础教育学校的形成也离不开阅读。

(2) 行为："三横""三纵"。我们要继续认真落实《震川小学书香校园建设方案》，以"三横"（教师、学生、家长）"三纵"（阅读、交流、展示）为抓手，构建学校读书活动网络，扎扎实实开展各类读书活动，通过小学阶段的培养，使震川小学的孩子都能爱上阅读、爱上写作，养成良好的读写习惯，涵养文雅气质，为终身学习打下良好的基础。如此，我们也才能真正打造"震川书院"品牌，建设在苏州市乃至江苏省内具有一定影响力的图书馆式学校，形成我们自己独特的学校风格。

3. 完善校园管理体系

(1) 安全。筑牢学校安防体系，牢固树立"预防为主，安全第一"的原则，全面落实"一岗双责"制度，从严、从实、从细抓好校园安全整治。重视学校食品安全，并严格开展自查自纠，守好师生员工饭菜"进口关"。严格落实"一校一案"防控要求，坚持疫情防控与学校发展同步有序推进，强化师生员工健康状况监测，严格做好校内环境整治和日常消杀工作，深入开展防控知识教育和防控应急演练，加强出行管理，从严核查行程，坚持上报信息，常态化做好新冠疫情防控各项工作。

（2）总务。有计划地做好采购工作，做好垃圾分类工作，做好各科室活动的服务与配合工作。进一步加强校产管理，充分发挥资产的功能作用。做到室室有人管、物物有人管，定期对班级物品进行清查，发现损坏的物品要及时修理。强化维修管理意识，对学校各项设施设备定期检修，做好保养和维修工作，延长使用寿命，提高使用效率。

（3）教技。继续推进教育信息化的硬件及软件建设。本学期，我们要做好新增一间计算机教室、两间科学教室、一间美术教室、一间音乐教室及6间普通教室的电教设备购置工作，推进学校信息化设备的不断更新和完善。做好震川小学融媒体中心的各项工作。

各位老师，学校有目标（高品质）、有信仰（震川精神），教师有理想（成长）、有担当（育人），学生就有希望、有未来！在震川小学，"高品质基础教育学校"应该是一个可以勾画的目标。让我们一起携手，全力以赴，为全面实现"三年规划"工作目标而努力奋斗！让教师成长、学生培养与学校发展合三为一！

谢谢！

牛年第一聘

（2021年2月22日）

今天，是本学期开学的第一天。

按照惯例，昆山市教育局联络员陈平老师将来学校检查开学工作。昨晚，我与陈平老师微信，问他大概什么时候到震川小学。他开玩笑似的跟我说："你需要我什么时候到？"我说随时欢迎。陈老师说可以安排与艺术组老师进行座谈，然后我们约了10点。

早上的开学典礼十分精彩，从8:30开始，一直到9:20左右才结束。我想着时间还早，于是准备微信陈老师，正在此时，陈老师的电话打了过来，说他已经到校门口了。陈老师总是能给我们带来很多惊喜。

我跟陈老师讲了今天想在座谈会前举办一个聘任仪式，想正式聘他为震川小学艺术组导师，来指导我们青年教师的工作。我知他不会推辞，一来我们多年相处已成好友，二来他本身就做着导师的工作，尤其是这两年对我们青年教师的关心尤甚。果真，他欣然应允。

我与陈老师相识已久。2009年，我担任国际学校小学部校长后，我们的接触开始密集起来，也逐渐相熟。

陈老师是艺术教研员，专业水平精湛，对教学工作十分热爱。当时，学校里但凡有音乐赛课、基本功大赛、舞蹈比赛、合唱比赛，我们都会邀请陈老师来校，陈老师再忙也都会亲临指导。每每他提出的意见和建议都是一针见血，所以我们的课程与节目质量都不断登上新的台阶，一等奖是我们的"常客"。在美术上，陈老师也是尽心尽责，他自己不断学习，也给了大家很多帮助。

陈老师对青年教师十分关心，对后辈关心提携。叶雪娟老师、郑咏梅老师都是在陈平老师的帮助下才成为市级艺术学科里数一数二的骨干的，戴玉珠老师、牛少莉老师、丁蕾老师等也都在其影响下从青年教师成长为学科带头人。陈老师对震川小学的关心甚于其他学校，每学期必来指导，必与青年教师座谈。他还给我们的青年教师每学期上一节市级公开课。陈老师也如兄长般给予我关心、爱护。

陈平老师是一位德艺双馨的老师。能聘之是震川小学之幸！是青年教师之幸！

今天的聘任仪式上，我向艺术组的青年教师提了三点希望：

第一，师德与艺术并重。做一个优秀的教师首先要有优秀的师德素养，永远要关心、爱护学生，把学生的成长放在首位。

第二，专业与教学并重。自己的专业是立身之本，专业越精湛，你在这个学科就越容易行稳，行稳才能致远。同时要钻研教学，教师成长最终还是要服务于学生。

第三，实践与理论并重。要多实践，也要多反思。要实践，也要学习，学习教育教学理论。用理论指导实践，也用实践检验理论。理论与实践相结合可以加速我们成为骨干教师的进程。

陈平老师也做了发言，对青年教师提出了希望。一是要喜欢。只有真心喜欢艺术、喜欢学生、喜欢当老师，才能把老师当好。二是要学习。不仅要学专业知识，也要学习教学方法，善钻研，才能成长。三是要有目标。既要有近期目标，也要有远期目标。"一二三"工程、教坛新秀是我们的近期目标，教学能手、学科带头人是我们的远期目标，对照条件，努力成长。

最后，青年教师代表陆毅老师和教研组长叶雪娟老师也分别发言致谢。

陈平老师是学校的牛年第一聘，为学校各学科专家导师的聘任拉开了序幕。专家团的成立是本学期教师发展的重要工作之一，希望全体青年教师要以此为契机，努力学习，争取早日成为优秀的骨干教师。

验菜

（2021年2月23日）

昨天，我在朋友圈发了一条微信，同时配发了几张图。

"今日验菜。先验调料：一看生产日期，二看是否转基因，三看数量。再验食材：学生吃大排，大排质量不错。各类食材品质较好，数量吻合。鱼是杀好的，退回。须送来活的鱼，现杀。确保师生舌尖上的安全！"

微信发出后，点赞量达近150个，评论量也达50多条。无论是点赞量还是评论量，都是我平时所发微信的2～3倍。

我想，食品安全还是大家十分关注且关心的内容！

昆山各公办学校的食材是教育局通过招投标工作确定的，开发区各学校由昆山益谊现代农业科技有限公司配送。该公司配送的优点在于对食材原料的品质把控较严，向学校提供的食材原料均要经过各类检验合格，而且质量相对较好。缺点在于配送成本相对自行采购成本要高，但与食品安全相比，显然食品安全更为重要。

虽然是公司配送，但学校的验收工作仍十分重要，所以便有了学校的验菜制度。我们每天都有食品安全员、教师代表及食堂工作人员参与验菜，验菜过程在监控下完成，同时每日菜品及重量均要拍照上传至江苏省阳光食堂平台。这些措施都是为了给我们师生提供安全的食品原料。

所以，我们要按要求做好验菜工作。对于过了保质期的调味品要坚决退回，对于疑似变质的食材要坚决退回，对于损坏的菜品要坚决退回，对于未按要求配送的食材要坚决退回（如配送来已加工好的肉末、已切好的鸡块、已杀好的水产品等）。另外，对于转基因产品、含亚硝酸盐等不利于健康的食材也应坚决退回！

让我们一起做好验菜工作，一起守护师生舌尖上的安全！

3月

你好，3月

（2021年3月1日）

开学第二周，3月悄然而至。

过去的一周，短短5天，但我们过得很充实。

开学的第一天，我们举行了以"向阳成长，追光前行"为主题的开学典礼。开学典礼隆重而有意义，我们的合唱团首次演绎校歌《梦想之光》，引发无数掌声；我们表彰了上学期的三好学生、优秀学生干部，也为阅读之星和小小生活家颁发了奖状，同时表彰了文明班级。还有两位同学与我们分享了寒假里的阅读故事及观影感受，让人感动。最后，二年级的小朋友们给大家展示了自己制作的元宵花灯。新学期、新起点、新希望，我们很受鼓舞。我在朋友圈分享了开学典礼，"你们努力学习！我们努力工作！向阳成长，追光前行！"这是我的心声，想必也一定是大家共同的心声。

上周的教职工例会，工会对上学期末组织的"我为学校发展献一计"提案进行答复。16份68人46条建议，体现了大家参与学校民主管理的热情，体现的是大家的主人翁精神。只有真正把学校当作"家"，才能提出有建设性的意见和建议。很多建议，我们在这学期得到了落实；也有一些建议，我们在创造条件，待条件成熟时予以落实。不少建议中肯、可执行，为学校优化发展、提高管理效率、提升办学水平提供了非常好的对策，在此向大家表示感谢！

上周五，元宵节，震川学子闹元宵。一年级的小朋友用自己的巧手剪出了一张张美丽的窗花，让教室的一扇扇窗户都增添了节日的色彩；二年级的小朋友则亲手制作了花灯，教室里、开甫廊都溢满了元宵节的味道；三年级每个班都制作了各具特色的年货手工，布置了极具班级特色的展示摊位。当然，猜灯谜是少不了的。有一条灯谜，谜面是"明月照我还（猜一人物）"，我正冥思苦想，一位同学在后面做了个提示："与我们学校有关哦！"哈哈，震川小学，归有光！这真是个可爱的孩子！也一定是个非常喜爱学校的孩子！

上周，还有一件事是十分让人高兴的！震川小学在2020年昆山教育系统微信排行榜中获得第三名的好成绩！昆山教育发布这样写道："震川小学首次入围TOP3，推文超300篇，总阅读数达30万以上，在看数达2万以上，发展势头迅猛，诠释了什么叫'出道即巅峰'。"好一个"出道即巅峰"！这是对震川小学融媒体中心的肯定，也是对震川小学2020年工作的肯定！我们感谢融媒体中心各位老师，也感谢全体震川人的努力、支持！

今天，是3月的第一天，也是周一。

《中小学教育惩戒规则（试行）》（以下简称《规则》）于2021年3月1日起施行。完整的教育是必须要有教育惩戒的。但是，学校、教师可采取哪些教育惩戒措施？如何把握好尺度、温度和限度？这些都需要我们进一步梳理与学习。希望德育处要尽早深入学习好《规则》，适时出台学校执行细则，并在一定范围内获取同意后再行实施！当然，有7条体罚与变相体罚"红线"我们不能碰，绝不能将惩戒与体罚混为一谈。

本周三，我们将迎来归有光纪念馆的竣工验收。届时，宣传部领导、文史专家、市文体广旅局领导、社管局领导都要来校参观，共同商讨确定归有光纪念馆开馆的方案，这也是学校本学期的一件大事。

本周，学校的社团活动正式开始了，我们力争通过2～3周的时间，把社团活动梳理清楚，让民乐团真正成立起来，让每个孩子都有一个可以加入的社团，让每个社团都更有趣、更有效、更受学生喜爱，真正践行我们的"两全"理念！

本周，我们将迎来昆山市卫生局（食品药品监督管理局）对学校食堂的全面检查。下周，昆山市教育局也将对学校进行春季安全大检查。安全，包括食品安全，永远是我们最基础、最需要做好的工作。离开安全，一切都是零。

本周，我们还有一些老师要参加考编面试，祝愿他们取得理想的成绩！也祝愿每一位老师都能取得更好的发展，这是我们的心愿！

愿3月，成就大家美好的未来！

谈谈"高品质"

（2021年3月5日）

这几日，学校迎来了几批客人。

周三下午，昆山市委宣传部栾根玉副部长、市文体广旅局冯惠清副局长、社管局顾勇副局长等相关领导，以及文史专家陈益、程振旅、王清老师等来校参加归有光纪念馆竣工论证会。他们重点参观了归有光纪念馆，对纪念馆的建设给予了肯定，并对归有光纪念馆建成后发挥更大作用表达了期待。大家对学校将震川文化与学校发展无缝衔接印象深刻。

周五上午，昆山市周市镇人大主席闵红伟、社会事业局副局长赵宇星率周市镇教育代表团一行来校进行考察交流，顾勇副局长全程陪同。他们是来考察震川小学的校园文化建设的，主要参观了震川六景，随后进行了座谈交流。

他们对学校的共同评价是：学校对震川文化挖掘较深，将震川精神与学校发展完美融合为一体。学校定位准、品位好、品质高。

当然，这其中不乏有客套的成分，但也有对我们前期工作的肯定与鼓励。

我们的办学目标是把震川小学办成一所"具有震川精神浸润的高品质的基础教育学校"。如今，我们正在这条路上不断前进。

"震川精神浸润"与"高品质"是我们始终追求的目标。这两者既有各自的内涵，又相互统一。"震川精神浸润"先是物化层面的，然后才是精神层面的；而精神层面的"震川精神"就是高品质的重要内涵之一。

高品质首先应该体现在办学理念上。

梅贻琦在1931年就任清华大学校长的时候就说过："大学者，非有大楼之谓也，乃大师之谓也。"对于中小学而言，最重要的不是高楼，而是学校内在的办学理念，这是灵魂的东西，是根上的东西，这个内在隐性的东西就是价值观，它体现在学校的方方面面，灌注在学校的各项制度和行动上。价值观永远是第一位的，价值观的引领远比其他引领更震撼人心，更有影响力和号召力。

我们的"追光震川"，我们的震川六景，我们的"是学校，也是图书馆"，我们的"心里有光，世界便是暖的"……这些便是震川小学的办学理念，是学校的灵魂。引领世界改变的，永远都是思想本身，这就是观念的力量。无论做了多少事情，但如果没有理念引领，就如同没有灵魂，走不远。

高品质体现在教育教学中，应该是以生为本、轻负高效。高品质体现在德育工作中，应该是心正情真、润物无声。高品质还体现在学校方方面面的工作之中。我们的课堂教学磨了又磨，精益求精，这是高品质的体现；我们的入队仪式办得简约、盛大，隆重而有意义，这是高品质的体现；我们的老师将参赛获一等奖作为目标，这是高品质的体现；我们的《杏花书屋》办得那么精美，文章那么有深度，这是高品质的体现；我们的通讯录、入学通知书、将要下发的奖状、将要使用的餐具都特色鲜明、与众不同，这也是高品质的体现……就连学校的服务方也说，震川小学的品位很高，一定要努力做到最好！

　　希望我们每一位震川人都把"高品质"刻进骨子里，"震川出品，必是精品"，"震川品质，就是高品质"！

假如我是孩子

（2021年3月8日）

上周，陆晨琪老师在朋友圈发了一条微信："第一次在学校下棋，开心的啦！"配图是孩子们三五成群地在下各种各样的棋，他们脸上的微笑是那么打动人心！

由于疫情的影响，我们班级的社团活动暂停了约有一年，虽然校级社团活动正常开展，但辐射的范围毕竟有限。本学期初，我们在讨论学期工作时，决定全面推进学校社团活动的开展，这是践行"两全"理念（全体学生、全面发展）的一个重要举措，也是基于学校育人目标的具体措施！

上周四，在盛燕副校长和袁懿芳主任的统筹安排下，在大家的共同努力下，社团活动终于首次全面开展。希望通过2～3周的努力，每个孩子都能参加喜欢的社团、有趣的活动。

也许有人会问：我们平时的教育教学工作那么忙，有些孩子可能作业都完成不了，为什么一定要开展各类活动？为什么一定要践行"两全"理念？

我想，如果大家换个身份来想——"假如我是孩子"，你心中是否已经有了答案了呢？

假如我是孩子，我希望学校是什么样的呢？

我们的学校应该是我最喜欢的：那里有我最好的朋友，我们一起学习、一起捉虫子；那里有我最喜欢的老师，她像我的妈妈一样关心和爱护我；那里有我最爱的图书馆，我每周都可以去借到喜欢的书籍；那里有我最喜欢吃的美食，比妈妈烧得还好吃呢；那里有我最喜欢的社团，我每周都有新的收获；那里还经常会有意想不到的有趣的活动，让我可以接触不同的世界……

孩子心目中的学校肯定不是呆板的、了无生趣的。相反，他们在这里应该收获快乐的童年，留下人生美好的回忆。我们应当为打造孩子们喜欢的校园不遗余力，为孩子们的成长奠基不遗余力！

所以，我们要给予孩子全方位的关爱，想孩子所想。

孩子们不喜欢老师拖课，我们就要深入研究课堂教学，轻负高效；孩子们喜欢看书，我们就要指导孩子们进行有效阅读；孩子们喜欢好吃的，我们就要研究美食烹饪；孩子们喜欢社团，我们就要开设不同的社团活动供孩子们选择；孩子们喜欢泥土、喜欢劳动，我们就要让他们上震川园种植；孩子们喜欢接触新鲜事物，我们就要引入各类活动，让孩子们参与，也可以带孩子们出去走走，寻找春天、相遇美好……

这学期，我们不仅要做到社团活动全覆盖、全参与，我们还将有序地开展各类学生活动。4月初，春暖花开，我们将举行春季运动会，让孩子们在操场上奔跑、在春天里奔跑；4月中旬，我们将举办"追光震川"校园文化品牌发布仪式，让"追光"根植于孩子们的心间；4月23日是世界读书日，这一天我们将开展首届"读书节"活动，让孩子们更爱书籍、更爱读书；6月1日是儿童节，我们也将举办一年级入队仪式、三年级集体生日等活动。

这学期，追光剧场开始飘散出孩子们的琴声，虽然稚嫩，但很动听；这学期，午餐后孩子们可以自由活动，开甫廊依旧是孩子们的喜爱之地；这学期，我们还会继续开展各类学科活动，让孩子们参与其中、乐在其中……

当我们在做一些决定的时候，我们一定要多想想"假如我是孩子"这句话。学校，只有孩子们真心喜欢，才会是一所真正的好学校！

专家导师团成立啦！

（2021年3月10日）

2020年年末，我在罗列自己年度工作的不足之处时，有这样一条："师资培养不均衡，有待全面推进。2020年，学校师资建设有了很大进步，尤其在一些重要比赛中，各学科老师频频获奖：有两位老师在苏州市评优课中获一等奖，有三位老师在苏州市教师素养大赛中获一等奖，有两位老师在昆山市百优课评比中获一等奖，有一位老师在昆山市信息技术整合课比赛中获一等奖。但有些学科由于缺乏骨干教师引领，发展较慢，导致了学科间的发展不平衡。各学科全面发展，成为老师们的内在需求。"

2021年，我下定决心，一定要解决这个问题。于是，建立震川小学学科专家导师团便成为本年度初期的重要工作。

在校长办公会议上，我们对欲聘任专家导师进行了讨论。专家导师团的人选，既要在学科专业上拔尖，又要是教师楷模。现在不比以前，对于来校指导的在编、在职专家，学校已无法支付专家指导费，所以得让专家们"义务"指导，真是难上加难。

好在我们一合计，一大拨人选浮现在脑海之中。

陈平老师是昆山市教师发展中心音乐学科研训员，之前担任过十几年的艺术（音乐、美术）学科教研员，现在是昆山市教育联络员。每学期第一天开学，陈老师来检查开学工作，必定会和我们艺术组的教师座谈，进行面对面的指导。他本来就做着导师的工作，请他担任学校艺术学科专家导师是再合适不过了！果然，当我与他谈起此事时，他满口答应。陈老师成了学校专家导师团的首聘专家。

语文组是大组，学校的语文教师团队师资力量相对强劲，我原本建议由学校袁干斌主任担任导师，袁主任说："还是聘请张敏华主任更为合适！"我与张主任相熟。张主任评上语文特级教师时才30岁左右，是一位不可多得的青年才俊。他又当过校长，在教研室当过副主任，后来在教科室当副主任。当年我在国际学校，张主任把他的名师工作室挂牌在国际学校，袁干斌、陈玲英、顾庆荣、丁平、黄英、吴益民、邱蕴石等都是他麾下大将。现在我们来到震川小学，他也是一如既往地关心、支持我们。我想着，张主任也必定不会推辞担任学校语文学科青年教师导师。与他提及此事时，他答复说："下周我就来。"

数学是重要的学科，我虽一工作就任教数学，但多年未在教学一线工作，对数学教学已经生疏。上学期期末，我邀请历任数学教研员及数学组的专家来校，顾建芳主任、苏丽华主任、徐文明科长、顾培新校长、陆炳荣主任、徐伟教研员、林峰老师等都拨冗前来。其间，我与苏主任谈起下学期想请她来校指导一事，她说："我现在在逐步缩减指导学校。"我知道，现在苏主任还担任着一所新兴的民办学校的校长，管理的事务十分繁杂。第二天，苏主任给我发了一条微信："你的学校管理得非常好！我很喜欢，非常佩服你！继续努力！"本学期刚开学，苏主任给我发了一条短信："本学期安排4次到震川小学的参观活动。"这让我十分感动。

英语学科也是学校的强势学科，袁懿芳、刘光、李莉等都是市级英语教学骨干。为了更进一步提升英语组整体教学水平，我们讨论聘请顾忆恩校长为学校的英语学科导师。顾校长上学期刚刚成立了市名师工作室，并担任导师，这次让她定向辐射震川小学，确实也是给她出了难题。好在我与顾校长是高研班同学，私交甚好，她也就没那么推辞了。

学校的体育组年轻教师最多，而且研究生比例也最高，这是一支积极向上的队伍。但是，体育组教龄最长者也不过几年，其中还没有市级骨干教师，所以体育组年轻教师寻求导师的愿望也更为迫切！我与教师发展中心的夏斌老师联系，希望他能够介绍一两个骨干来震川小学，同时也到处寻觅导师。学校与新镇小学是轮岗结对学校，我听说新镇小学的周燕老师是体育特级教师，教学带徒弟都是一流的，于是我便寻求邱彩萍校长的帮助。邱校长与我是国际学校10多年的同事，她听说我们想聘周老师，十分支持！开学第三天，我与顾庆荣主任一起驱车前往新镇小学，当面去请周老师。周老师特别和善，一口答应，我们真替学校的体育老师们感到高兴！

科学学科虽然目前老师不多，但雷鸣主任说还是聘一个导师为好，并建议许国忠校长担任导师。我与许校长不熟，于是致电询问苏永鸥校长，他讲："许校长曾在国际学校跟我实习，你也应当认识。"我加了许校长的微信，告诉他，空则来，不空则徒弟上门请教，皆可。他应允。

信息技术目前只有狄晶晶老师一人，而且他是市学科带头人，又是中心组成员，暂不需要配备导师。

丁志洁副校长和陈丽娜主任说，班主任工作最好也聘一个导师。尹弘敏主任的名字一下子从我的脑海中跳了出来。尹主任也是我在国际学校的同事，她在国际学校当德育主任期间，推出了很多措施，取得了很好的成绩。她编写的《小学生六大基础性品德培养方案》广泛传播。同时，她自身的基本功扎实，当年参加江苏省班主任基本功竞赛获江苏省一等奖，成为为数不多的获此殊荣的教师之一。当我跟她讲起聘其为导师的意向时，她还是很谦虚地说："我当班主任的时间不长，恐难胜任，但我会竭尽全力！"我说："你是德育工作的专家，现在又是昆山市德育研训员，做我们的德育导师是最合适的人选了！"事实上她也确实是最合适的人选。

至此，震川小学专家导师团正式成立，全学科、全覆盖。只希望，我们的青年教师能在导师的指导下，努力学习，不断实践，争取更大的进步。青年教师是学校的未来，是学校的希望，让我们一起努力吧！

我们一起来运动

（2021年3月16日）

本学期，我们开始正式推动教职工体育运动。

每周二下午4:00—4:30，固定为教职工集体运动的时间。希望该时段全体教职工都能走出办公室，到体育馆、到操场活动活动筋骨，让自己的心情得到放松，身体得到锻炼。

之所以要推动教师的体育运动，是因为我们平时在校的工作量还是蛮大的，备课、上课、批改作业、值班、护导、辅导孩子，每天都很忙。这些导致教师产生了诸多职业病：慢性咽炎、颈椎病、肩周炎、静脉曲张……随着年龄的上升，发病率也越来越高。虽然我们的教师群体年龄尚轻，但也要尽早养成锻炼的好习惯。

希望大家树立"每天锻炼"的理念，增强运动和健康意识，积极行动起来，投身到学校的全民健身运动中，"每天锻炼1小时，健康工作50年，幸福生活一辈子"，引领追求健康、热爱运动、陶冶情操的新风尚。

希望大家坚持"适时适度"的原则。每个教职工可根据自己的身体状况、兴趣爱好、工作特点及学校的体育设施与环境，选择适合自己的锻炼项目，并持之以恒。

上周二，工会朱主席发布了运动小组的分组情况，羽毛球、乒乓球、韵律操的报名人数很多，希望每组能选出组长，召集人员准时参加运动。当然，除了这些运动之外，其他适宜的体育锻炼也都是可以的，操场上慢跑，快走，跳跳绳，踢踢毽子，打打球，爬爬楼梯……这些都是可以开展的运动。学校将在本年度添置一些室内体育运动器材，如椭圆机、跑步机等，这些将被放置在体育馆内，以后雨天可以进行室内锻炼。

希望大家树立积极锻炼的意识。"每天锻炼1小时"这一要求对很多人来说很难达到，但是1小时的活动可以分成几个时段来做。每个教职工可根据实际情况，选择在清晨、课间操、下班后进行健身，只要有心体育锻炼，时间还是可以得到保障的。

周末也是锻炼的好时光。尤其现在天气渐暖，草木复绿，群芳盛开，若约得三五好友，一起爬山、赏花、郊游、踏青，走到阳光中、蓝天白云下，呼吸清新的空气，放放风筝，或是席地野餐，实在是春天里的一件乐事！

让我们一起来运动吧！

如何面对不同的声音？

（2021年3月17日）

昨天，在昆山论坛上网名为"馄饨来碗面"的网友发了一个帖子：《质疑：震川小学公开发起班级为单位购买"视力架"》，引起了一些网友的围观。该网友的质疑是：坐姿矫正器是否有效？家长购买是否自愿？发起者提供的购买环节是否有猫腻？

做任何一件事情，我们总会听到不同的声音，这是十分正常的事情。为了保护学生的视力，这次家委会推动学生配置坐姿矫正器，有个别不同的声音也是人之常情。关键是，我们如何来对待不同的声音？

第一，要有正确的价值判断。

所推动的工作从大处来讲，是正确的，还是错误的？对学生是有益的，还是无益的？具体到坐姿矫正器的使用，对孩子的视力保护有没有积极意义？我想答案是显而易见的。

据报道，我国儿童近视问题的形势非常严峻，国家卫生健康委员会（以下简称"国家卫健委"）统计的数据显示，2018年我国儿童的近视率已达到53.6%。2020年由于疫情的影响采取线上教学，儿童的近视率进一步升高。为了守护儿童明亮的眼睛和光明的未来，近视防控刻不容缓！近日，教育部印发《关于开展2021年春季学期近视防控宣传教育月活动的通知》，部署在2021年3月开展春季学期近视防控宣传教育月活动。

在上学期期末的体检中，全校学生的近视率已达26.36%，老师和家长们都忧心忡忡。所以，上学期期末，我们推出了"护眼操"。从本学期开始，有家长给孩子使用坐姿矫正器后，感觉效果较好，建议在班级试点，我们觉得可行。两周后，其他年级、班级也想使用，我们也表示赞同。

所以，这项工作从根本上讲是为保护孩子们的视力，是正确的，我们就无须过多担心。

第二，要反思工作中是否有操作不当之处。

出发点是好的，但不能好心办坏事。为什么会有不同的声音，我想多半是工作中存在不当之处。

例如，家委会前期的宣传工作是否到位？要让每一位家长都认识到孩子护眼的重要性和急迫性。再如，家委会是否有强制购买的情况？我询问过个别家委会委员，他们是完全自愿的，既有不买的，又有买几个的。因为是家长出钱购买，这就必须是完完全全自愿的。还有，家委会购买过程是否有考虑不周之处？是否考虑到有特殊体质的学生及贫困家庭学生等情况？据说，家委会在购买过程中不仅谈下了价格，对贫困生还进行了免费赠送，这也是十分暖心的举措。

至于购买环节中是否有猫腻，我是完全信任的。一是本身产品就只有20来元，二是购买环节是几个家委会委员一起参与的，同时整个过程都是透明、公开的。应该对家委会表示感谢！

第三，要有妥善的后续处理意见。

不同的声音代表着不同的意见，要尊重不同的意见出现，后续工作中也要注意吸纳不同的意见，让工作得以顺利推进。

坐姿矫正器既然是家长自愿购买的，那应该是可用、可不用的。如果当初购买时真有家长并非出于本人真实意愿，建议家委会予以登记联系并退款，绝不可强求。同时，如果在后续使用过程中，有学生或家长提出不用，老师也要尊重他们的意见。

同时，要科学地使用坐姿矫正器。坐姿矫正器的功能在于矫正坐姿，因此建议学生在看书、写作业时使用，其余时段由教师灵活把握。同时，如果有孩子身体不适或出于其他原因，老师们要予以关心，可以卸去坐姿矫正器，让孩子们趴在桌上休息。总之，一切都应以孩子为中心。

兼听则明，偏信则暗。之所以会产生不同的声音，是因为我们站的角度不同，看问题的角度也不同。但不同的声音可以提升我们工作的品质，对于不同的声音我们要持欢迎的态度，有则改之，无则加勉。切不可抱着"多做多错""少做少错"的想法，导致"不做不错"，从而出现懒政、怠政的情况。

学校是育人的场所，如果一切以学生的健康成长为出发点，最终都会得到大家的支持，哪怕中间可能会有一些曲折。

阅读指导，我们在路上！

（2021年3月18日）

2019年10月，为全面推进学生阅读，我写了一篇短文《等等看与做做看》。

我在短文中写道："我们的特色工作也是这样。'一静一动'，不能再'等等看'了，必须要'做做看'了！本学期，我们一、二年级全面铺开了才艺课程，人人参与，长期坚持必有收获。读书活动也在陆续推进中，但我感觉进度还不够快、还不够深入。震川书院的'把经典读给你听'量还不够，半年推了14期，每期一篇小短文，还不够。一年级已经下发了《我的阅读简史》，要用起来，等等看是很可怕的，可以做做看了。不认字又何妨？注音版也可以读起来；图书馆没装修好又有啥关系？读起来，让孩子有读书的兴趣，喜欢读书，即使没有书，他都会想办法借书读。否则，纵然整个藏书楼全是书，孩子不喜欢读，又有什么用呢？"

现在，当我们回首这一年半的努力，还是很让人欣慰的！图书馆式的学校也初步成型，"是学校，也是图书馆"的理念已经根植于师生心间，阅读已经成为孩子们的内在需要，全校阅读成风，这是我们"做做看"的结果。

为了进一步推动学生高质量阅读，昨天学校全体教师齐聚议事轩，共同参加主题为"经典浸润童心，阅读点亮生活"的第二期追光讲坛活动。活动由顾琳老师主持。

活动想要探讨的问题是：如何培养学生广泛的阅读兴趣，引导学生喜欢阅读，享受阅读的乐趣，具有独立阅读的能力，学会运用多种阅读方法；如何引导学生真实、有效地进行阅读。四位老师带来了她们的分享。

张欣婷老师进行了低年级绘本阅读指导分享。兴趣是最好的老师，这是孩子们爱上阅读的第一步。讲台上，老师讲得绘声绘色；讲台下，学生听得津津有味。走进绘本，宛如走进一个绘声绘色的故事世界。在绘本的世界中，引导孩子们感受和发现想象的魅力。

王亚萍老师就如何指导课内阅读、如何联结课外阅读进行了交流。师生共读一本书的时刻，是孩子们期待的，也是老师们期待的。利用好课堂精读，抛砖引玉，联结校内外阅读，能更好地引导家长和孩子享受亲子阅读时光。

李娜老师以《夏洛的网》为例，分享了自己的阅读指导经验。在童话故事的阅读指导中，要抓住情节的转折处、人物的特点。文字无声，但思维有声。在阅读中发展阅读能力，在理解中内化思维训练，使得阅读不仅仅是文字的阅读，更是一次语言与思维的碰撞。

　　中年级学生阅读指导怎么做？沈佳妮老师分享了她的想法。学生的阅读有兴趣、有痕迹。老师可以用单篇故事激发学生的阅读兴趣，细化阅读指导，如打卡、完成思维导图、用好读书笔记等，让学生养成良好的阅读习惯。

　　四位老师的分享让我们很受启发。如果说前两年是让孩子喜欢阅读、爱上阅读，那么接下来我们要研究的是如何引导、指导孩子有效阅读、科学阅读。因此，加强阅读指导成为关键。老师们在实践中摸索指导学生的阅读之道，也做了许多实实在在的设计与引导。我们还应该借助理论指导，结合学校主课题研究，把阅读活动推向深入，让孩子在阅读中享受读书趣味，在阅读中习得阅读方法，在阅读中拓展人生视野，在阅读中点亮多彩生活！

　　阅读指导，我们在路上！

春日寻芳何处去？

（2021年3月20日）

惊蛰一过，雨水就多起来了。

春天的雨"像牛毛，像花针，像细丝"，虽然不大，但"一下就是三两天"。这几天的春雨便是这样地下着。树木、小草、野花似乎就喜欢这样的雨，贪婪地吮吸着，根部聚集了养分。雨几日，天气便会放晴。太阳一照，嫩芽、绿叶便抢似的生长，柳条绿了，小草偷偷地从地里钻了出来，各种各样的花也竞相开放，春天最好的时光便到来了！

十几年前的一个春日午后，也是这样淅淅沥沥地下着小雨，我在外开会，王须中老师发来几张照片。一张是花儿的特写，雨中，花儿一团团、一簇簇地开放着。其中已开的粉红色的花，如倒挂金钟；未全开的，红色的花蕾，似胭脂点点。还有一张照片，是细雨中孩子们在赏花，三五个孩子仰着头，指着粉红的花，花儿就像孩子们的笑脸，孩子们笑得真甜，就像盛开的花儿一样……

我忙问："这是哪里的花，这么好看？"须中说："这就是学校天井里的那片垂丝海棠！"

从此，我便喜欢上了这片垂丝海棠。

孩子们似乎也喜欢上了这片垂丝海棠。垂丝海棠盛开之际，课间、午后总能见到孩子们在花间嬉戏的身影，他们爱花，却从不摘花，这片垂丝海棠就是孩子们的春天，他们穿梭在春天里，奔跑着，嬉笑着……

老师们看透了孩子们的心思，索性带着孩子们一起在花下玩耍。捉迷藏、跳格子、老鹰抓小鸡，陆秀芳老师更是把课堂搬到花下，这"花间一课"想想都是那么幸福！大家都想把这最美的季节定格在孩子们最美的童年里！

我喜欢看花。

有的花满树而开，一朵便是一个世界，孤傲骄人；有的花细小微香，成片而开，却也热烈奔放。我尤喜后者。

须中亦是爱花之人，知道我爱花，便常常告诉我一些花讯，远的近的都有：无锡鼋头渚的早樱盛开了，本周花期最好，但游人也最多；花桥天福生态园的油菜花开放了，金黄色成片成片的；森林公园马鞍山路的紫叶李也开得像霞，随时可以去打卡；苏州树山马上要举办梨花节了，有兴趣去赏赏梨花吗？看桃花还是去无锡阳山最好，再过两周就全盛开了……

"海棠未雨，梨花先雪，一半春休。"我从没看过成片的梨花，真想体验"千树万树梨花开"的胜境！

终于有一天，我们"偷得浮生半日闲"，前往树山赏梨花。那日也是似雨非雨的日子，一到树山，我们便被山中的美景所吸引！木栈道蜿蜒起伏卧于大石山脚，百亩竹海、介石书屋，云雾之中，杨梅成林，一棵棵远近高低、错落有致地生长在栈道两侧，远看就似一幅水墨画。山脚下，有人忙着采摘春茶，茶叶碧绿鲜嫩，让人忍不住想品上一口。

午饭是在戈家坞吃的，清蒸馄饨鸡、酱油虾、开片大鳊鱼、酱爆螺蛳，还有新鲜的蚕豆，都是我们所喜欢的美味，味道鲜美，价格却不贵。那顿饭，至今仍为我们津津乐道！

下午，我们便去赏花。树山人家屋前屋后皆是梨树，村前一大片也是梨树，大家来到千亩梨海，静静地观赏着。看看这一树，很美；看看那一树，更美。仿佛比赛似的，棵棵繁花胜雪，无拘无束地盛开着。这时，任意朝一个方向，随意摆一个动作，拍出来的都是大片！

从此，我真的喜欢上了树山。此后，我几次带孩子们一起到树山，品云泉茶，采杨梅，吃翠冠梨，登大石山爬"仙桥"，看"大块文章"。梨花盛开之日，从山上俯瞰梨海，整个树山村好似下了一场大雪，一层层像云雾似的漫天铺地，自己也仿佛变成了一朵"雪花"……

这几天，春风一吹，学校也是庭的桃花也渐渐开了，孩子们下课后喜欢去看桃花。一个孩子仰着头问我："桃花谢了，还会有什么花盛开？"

现在的学校里少花，很多人建议要在校园里多种些花，尤其是开了以后成片成片的，我也尤喜孩子们在花下嬉戏玩耍的场景。我愿做那栽花之人。来年，定要让震川校园的春天满是花香，定要让孩子们的童年满是花香！

春耕节

（2021年3月25日）

不久前，江苏省委办公厅印发了《中共江苏省委江苏省人民政府关于全面加强新时代大中小学劳动教育的实施意见》（以下简称《实施意见》）。

《实施意见》要求根据年龄段特点，引导孩子尽可能承担力所能及的家务劳动。鼓励孩子利用双休日或节假日参与劳动，确保中小学生每周家庭劳动时间不少于2小时，每年有针对性地学会1～2项生活技能。

《实施意见》同时提出："小学劳动教育课平均每周不少于1课时。小学低年级要围绕劳动意识的启蒙，以个人生活起居为主要内容。小学中、高年级要围绕劳动习惯的养成，以校园劳动和家庭劳动为主要内容。"

这真是一项十分好的举措！德、智、体、美、劳全面发展将成为新时代学生培养的方向，尤其是在之前忽视劳动教育的背景下，此项意见的出台具有十分积极的意义。

震川小学自2018年创办以来，就一直十分重视劳动教育，自主编印的《生活指导手册》已逐年使用至三年级，现已完成6册。《生活指导手册》内容与《实施意见》所倡导的内容"不谋而合"。"自我管理"篇主要以个人生活起居为主要内容，如《我是穿衣小能手》《整理我的小书包》《勤剪指甲讲卫生》《招待客人懂礼貌》等；"生活技能"篇主要以劳动意识启蒙及劳动习惯培养为主要内容，如《洗瓜果有妙招》《我们一起来扫地》《小手会剥虾》《我会种植小白菜》等。另外，每册还设置了"班级实践"和"传统文化"篇，为孩子们参与班级团体的劳动实践提供了指南，同时还把劳动教育与传统文化相结合，提升了劳动的参与度与幸福感。

从融汇于德育活动之中，到实践于劳动基地之内，在震川小学，劳动教育早已开展得有声有色。现在回过头来看，丁志洁副校长和陈丽娜主任的先见之明确实令人赞叹！

前些日子，学校震川园中春色满园，老师们带着孩子们到空中菜园采摘，有的孩子挖了菠菜，有的孩子拔了萝卜，还有的孩子带着菜花放学了……我问一个孩子："你带的是什么呀？"孩子笑而不语。另一个孩子窜出来说："我们把春天带回家了！"好一个带春天回家！

陈主任跟我说："震川园中的菜收完后，休整一下就可以进行春天的种植了。春天种植的蔬果就多了！"我说："可以搞个'春耕节'，仪式感还是要有的！"我知道，陈主任她们很忙，但她还是一口答应。没过几天，方案就出台了。

"日出而作，日入而息，凿井而饮，耕田而食。"我们应该让我们的孩子去认识一下"五谷"，去观察植物的生长，去感受四季的变化。在农作体力活动中，孩子们的肌肉能力、四肢协调性都能得到充足的锻炼。劳动的过程，也是放松心灵的过程。在轻松的心灵环境下，孩子们能通过多学多做，从而学到更多的东西。

春暖花开的季节也是播种的好时节，愿我们种下一颗种子，收获一份希望！

什么样的学校是一所好学校？[1]

（2021年3月31日）

当我们初为人师的时候，一定都憧憬过一所"好学校"，一定都希望自己能到一所好学校里工作、学习、生活。所以，今天我们的震川论坛以"什么样的学校是一所好学校"为主题，我想一定会引发大家更多的思考与共鸣！

吴成君老师与我们分享了她"作为学生的我""即将成为教师的我""当下在学校工作的我"眼中的好学校的样子。同时，她也提出了自己的一些思考，"一所好学校办出特色很重要""一所好的学校应当是让师生有幸福感的共同体"。对学校未来的期许，她说："我希望我们的学校永远是我们坚强的后盾，它不仅仅是一所学校，更是一个大家庭，一个充满人情味的大家庭，是能够让我们感受幸福、享受幸福的一方净土和乐土。"

朱晨月老师入职不到一年，就与我们分享了她这一阶段的工作，也与我们分享了她的心路历程。在谈到好学校时，她说："每个人对好学校的理解不同，有不同的标准和要求，但殊途同归的是，每个人都对心中的好学校怀着一种美好的期待。我心目中的好学校是一个百花绽放的花园，是学生探求知识的学园，是学生快乐成长的乐园，是处处充满亲情的家园，也是师生生命绽放的花园。"花园、学园、乐园、家园，朱老师很形象地阐述了她心目中的好学校。

张燕老师则从"进校前的期待""当下的校园生活""对我们震川小学的期许"3个方面谈了自己的思考。张老师说："从进校的懵懵懂懂，到当下的有所长进，我结识了一群志同道合的老师，他们不仅可以在教学上给我提意见，在生活中也是我的人生导师。"在谈到未来的期许时，她说："我个人觉得，一所好的学校，绝不是只给学生成绩，而是教学生做人，给学生一个发展的平台。"

张雅倩老师说："从小我就特别地崇拜老师，我认为老师是天底下最了不起的职业。"同时，她还说："学校是老师实现自我价值的地方，也是学生健康学习、快乐成长的重要场所。"她喜欢震川，喜欢藏书楼，喜欢菊窗轩，喜欢同事，喜欢浓厚的学术研究氛围，喜欢办公室同事之间那份纯真的情意，喜欢可爱的孩子……震川小学，俨然就是她心目中的好学校。讲到动情处，张老师流下了激动的泪水，大家也给予了真诚的掌声。

今天的四位老师谈得都非常好！没有高谈阔论，没有口号教条，有的只是她

---

[1]本学期，"三好"标准讨论拉开帷幕。"三好"标准的讨论分别是：什么样的学校是一所好学校？什么样的老师是一个好老师？什么样的课是一堂好课？这是"三好"标准讨论的第一论。

们的故事与案例，这些足以生动地阐释她们心中好学校的样子！有优美的环境、有可亲的同事、可爱的学生、鲜明的特色，有浓郁的学习氛围、幸福的教育人生，还有实现人生价值的平台……这些都是一所好学校应该具有的。

什么样的学校是一所好学校，可能真的没有标准答案，但应该有一些共同的特点。

我认为，一所好学校最主要的特征，应该在于"着眼于人的发展"。是否着眼于人的发展应该成为评判一所学校是否是好学校的最主要的评价标准。学校里最重要的两个群体，一是学生，二是老师。

在一所好学校里，所有学生都应该获得长足的发展。这个长足发展，不是指所有学生都十分优秀，而是指所有学生都在其原有的基础上获得尽可能多的进步与成长！所以我们打造"追光震川"文化品牌，让学生遇到困难时能想起"心里有光，世界便是暖的"；我们打造"是学校，也是图书馆"的校园，是让学生从小打下坚实的阅读基础；我们打造震川六景，是想把"震川精神"深深烙印在孩子的心田；我们开展丰富多彩的社团活动，是想让孩子们德、智、体、美、劳全面发展；我们推行"两全"的理念，是想让每一个孩子都在震川快乐成长……

在一所好学校里，所有老师也都应该获得幸福感。幸福感一方面来自自身专业的发展，另一方面也来自培养学生的成功体验，还有来自同事间的亲密协作。在新时代，"教学相长"应该成为一个标准，希望我们每一位老师也能像孩子们那样，获得最大限度的发展，学校也会竭尽全力提供各种平台给老师历练。我们或许不可能人人成为学科学术带头人，但可以人人成为一个好老师，一个受学生喜欢、家长信任的好老师！

希望有朝一日，当人们谈起震川小学时，都能由衷地说一句"震川小学是一所好学校"；当他人问我们是哪所学校的时，我们都能自豪地告诉他们"我是震川小学的"；当孩子们在校外时，大家都能夸赞孩子们的言行。那么，震川小学应该就是一所好学校了！希望这一天不会太遥远。

现在，我们正走在建成"好学校"的路上，让震川小学真正成为一所大家心目中的好学校是我们共同的目标！让我们一起努力，为实现心中梦想而奋斗！

4月

我爱《杏花书屋》

（2021年4月6日）

今天下午，春光正好。

袁主任拿着散发着油墨香的《杏花书屋》（第三期）递给我，他满脸微笑地对我说："这一期的《杏花书屋》很养眼！"的确，新绿的封面，带来的全是春的气息！

《杏花书屋》是震川人的一本原创杂志，这里记述的是我们的思想、文化、艺术，其创刊伊始就定位于此。《杏花书屋》是震川人的文化盛宴，亦是震川人的精神家园，如今《杏花书屋》已成为震川小学的一个文化标志！

杂志共有4个栏目，"云歌行"主要为诗歌、小说、散文、随笔、戏剧等原创作品；"芳菲物语"主要为书评、影评、艺术鉴赏、时事评论等评述类原创作品；"含英咀华"主要为归有光等名家名篇赏析；"虎嗅蔷薇"主要为绘画、书法、篆刻、摄影等原创作品。

拿到新一期的《杏花书屋》，我便爱不释手地翻阅起来。

"兰轩疏影，素梅清淡，卷帘月满花窗。轻袖挽纱，玲珑望月，菊篱暗吐幽香……"沈崇旖老师的《望海潮·兰轩疏影》一词婉约唯美，让人读来不禁浮想联翩。

"温暖也许不是雪中送炭、患难与共，而是在漫漫人生路中，只要你回头，总有一个人怀着美好的祝愿，望着你远行，或远或近，他都在那里……"毛雨溪老师在《雨中的小黑点》中记述了外公最后一次到车站送别的场景，用情至深，感人肺腑。

《你我，静默如谜》中，全超老师记述了她与书的故事。"晨起翻看《灿烂千阳》的尾声时，端坐一隅、静享日光；午后品味《飘》的跌宕时，随心小憩、饱含爱意；深夜阅读《那不勒斯四部曲》而悲愤不能寐时，伏于案几、倦怠疲惫……"全老师的阅读量让人惊叹，文笔更是让人折服。

"我生怕自己本非美玉，故而不敢刻苦琢磨。却又半信自己是块美玉，故又不肯庸庸碌碌，与瓦砾为伍。"张欣婷老师在读了《山月记》后，撰写了《冬有冬的来意》。"作为读者，你能够从书中不同人物的身上，多少看到自己的影子，在这个世界上懵懵懂懂，跌跌撞撞，自我怀疑，与周遭世界充满隔阂，踌躇不前……

或许，唯有行动可以摆脱挣扎、抵抗虚无。因为，冬有冬的来意。"

袁干斌主任写出了《左手倒影，右手年华》。"从4岁到40岁，时间把许多曾经离我们很近的东西拉走，留下的只是记忆中的回望。左手倒影，右手年华；长长来路，慢慢皓首……"目送童年、目送青春……"目送中，离开的已不再归来，归来的已不再曾经。"让人泪目。

…………

这期的《杏花书屋》有太多的好作品值得我们好好品读。用心读，相信大家一定也会和我一样，深深爱上《杏花书屋》！

我们的校歌——《梦想之光》

（2021年4月8日）

震川小学该有一首怎样的校歌？学校开办之初，我们便开始思考这个问题。校歌是学校文化的一种艺术表达，与校徽一样，都是十分重要的文化符号。

知道我们对品质的要求很高，设计方很重视，寻觅了3组词曲创作人给我们选择，我们一眼便看中了葛逊、吴盛栗两位老师。葛逊老师是南京军区政治部创作室主任，吴盛栗老师是江苏省音乐家协会副秘书长，两位老师的合作曲目较多，已形成默契，作品更易出精品，同时由于两位老师年龄较长，可能对先贤归有光的认识更深入一些。

果然，两位老师很认真。我与他们初步交流了学校的概况及对歌曲的建议。我说，我尤喜欢李叔同先生的《送别》，对旋律和歌词都很喜欢，"长亭外，古道边，芳草碧连天……"震川小学的校歌能否是那个类型的？吴老师说："我们得一起到学校现场来看看，这样创作出来的作品更接地气！"第二周，两位老师果真从南京风尘仆仆地赶来，我们一起参观了校园，当时校园文化做了一部分，他们也饶有兴致地逐个了解。回宁后不久，葛老师便发来了两首歌词，一首是《追光少年》，一首是《梦想之光》。

《追光少年》积极向上，与"追光震川"十分贴合，《梦想之光》意境深远，将震川文化与儿童成长结合得十分巧妙。我们讨论后，确定选用《梦想之光》。

歌词确定了，于是请吴老师谱曲。可是中间还是出了一些插曲。吴老师之前是根据《追光少年》谱了曲，并发了小样过来。后来，我们还是要求其再为《梦想之光》谱曲，吴老师也不推辞，不久，《梦想之光》也谱曲完毕。

两首歌都谱了曲，选择的难题也来了。经过多方征求意见，最后我们研究决定，校歌就采用《梦想之光》。吴盛栗老师后来给我打了近1个小时的电话，表达了对《追光少年》的喜欢："两首歌都是佳品。你们用了《梦想之光》，《追光少年》可千万不能丢掉啊！"我说："《追光少年》我们也会让孩子们传唱的！"

现在，我们的合唱团已经在学唱《梦想之光》了。本学期的开学典礼上，孩子们用稚嫩、清澈的声音唱响了校歌，大家都被感染了。这几日，合唱团在徐童、王秋红等老师的带领下，每日早上、放学后都在忙碌地排练着，一来要在归有光纪念馆的开馆仪式上献唱，二来也要参加昆山市的合唱比赛。孩子们年龄虽小，但个个十分投入，比赛是否获奖是其次，孩子们在这个训练的过程中所付出的努力是真实的。今天，为参加"长三角百佳校歌献礼建党百年"融媒展示校歌征集活动，我们拍摄了《梦想之光》主题宣传片，希望这个宣传片能成为震川小学的又一张文化名片。

愿《梦想之光》永被传唱！愿孩子们的梦想终被实现！

梦想之光

葛逊 作词
吴盛果 作曲

明月半墙，朝霞临窗，
震川书院，满楼书香。
先生之风，山高水长，
追光少年，神采飞扬。

花沐雨露，树浴阳光，
震川书院，桃李芬芳。
梦想之光，闪耀心上，
追贤慕德，大路朝阳。

今朝花朵，明天栋梁，
珍惜美好时光。
人才摇篮，梦想绽放，
我们幸福成长！

我们需要什么样的体育？[1]

（2021年4月9日）

亲爱的同学们、敬爱的老师们、各位家长志愿者：

大家上午好！

春暖花开，我们期待已久的震川小学第一届春季运动会今天终于隆重开幕了。在此，我代表学校对本届运动会的召开表示热烈的祝贺！对精心筹备本届运动会的教导处和体育组老师表示诚挚的谢意，向全体裁判员、运动员和志愿服务人员致以亲切的问候和崇高的敬意！

震川小学一直致力于学生德、智、体、美、劳的全面发展，而体育工作是学校的重要工作之一。2020年10月，中共中央办公厅、国务院办公厅印发了《关于全面加强和改进新时代学校体育工作的意见》（以下简称《意见》）。《意见》"具有里程碑意义"，目的在于立德树人、推动新时代学校体育为人的全面发展服务。《意见》的出台标志着中国体育面向本质的回归。

第一，学校体育，应该是"全员性"的体育。体育不应该仅仅是参赛运动员的体育，还应该是全体学生的体育，也应该是全体老师的体育。体育面向人人，每个人都要增强体质。从教育的角度来看，这是高境界的回归。因为体育已经不仅仅事关体质健康，还能健全人格，这就要回归到体育的本源上。我们践行"两全"理念，提倡每个学生掌握两项体育技能和一项艺术才能，提倡每个教师都参与运动，便是全员体育理念在校园中的实践。

第二，学校体育，应该是"基础性"的体育。新时代的教育追求人的全面发展，体育应起到基础性的作用。在教育里面，德、智、体、美、劳，体育是教育的基石。学校要培养人才，需要从做好学校体育教育，培养身心健全、富有创造力的学生开始。我们要保障学生每天1小时体育活动时间，全体老师和家长也要积极参与每天1小时的体育锻炼，各方要勤力同心一起推动。

第三，学校体育，应该是"内生性"的体育。要让全体师生从内心喜欢运动、喜欢体育。激发学生参与体育的内生动力的途径有两条：一是通过"教会、勤练、常赛"这一体育教学模式，让孩子体验到参与体育运动的快乐，今天我们的春季运动会便是这样的一条途径；二是体育与升学挂钩，可能不久以后，体育的分值也将提高到与语、数、英同等的分值。孩子们通过训练比赛，提升了身体素

---

[1]此文是笔者在震川小学第一届春季运动会开幕式上的讲话。

质，培养了健全人格，成绩也得到了提高。

有人说，好的教育应该是培养终身运动者、责任担当者、问题解决者和优雅生活者，给孩子们健全而优秀的人格。体育，是促进青少年身心全面发展最行之有效的手段。"完全人格，首在体育。"校园不单要让学生"文明其精神"，还要"强健其体魄"，而校园体育不单要"育体"，更要"育人"！

最后，预祝本届春季运动会圆满成功！

预祝各位参赛运动员取得优异的成绩！

谢谢！

故事妈妈进课堂

（2021年4月13日）

学生的成长是学校教育、家庭教育和社会教育三者合力的结果，而家委会是学校、家庭、社会有机结合的纽带和桥梁。震川小学创办第一年，就成立了家委会，经过两年多的实践，家委会已显示出强大的生命力，已成为一支重要的教育力量。

震川小学家委会参与学校管理的项目很多，有每日上下学的"爱心护学岗"志愿服务，有和学校办学特色相融合的各班"读行会"活动，也有两周一次的"故事妈妈进课堂"活动……这其中，"故事妈妈进课堂"活动无疑是辐射面最广的活动，也是最受孩子们欢迎的项目之一。

为什么这项活动那么受欢迎？我想，家委会背后的努力起了十分重要的作用。在"故事妈妈进课堂"活动进行之前，家委会就召开了多次会议，尤其是"故事妈妈进课堂"示范培训推行会，其效果显著。在王郴会长的组织下，家委会汤德正先生宣读了推行办法，陈臻妈妈根据自己丰富的幼教经验，授课引导"故事妈妈们"如何备课、上课、结课，让每次课都给孩子们留下深刻印象，让孩子们有所收获。

最近一期的"故事妈妈进校园"活动，"故事妈妈们"带来了很多精彩的故事。

看，这里有《小黑鱼》——

在大海的一个角落里住着一群小鱼，大家都是红色的，只有一条是黑色的。有一天，一条凶猛的金枪鱼吃掉了所有的小红鱼，只有小黑鱼逃走了。他孤身一人在海里游荡，后来又遇到了一群小红鱼。为了生存，不再躲避，小黑鱼想了一个好办法，大家游在一起变成大海里最大的鱼，最后把大鱼都吓跑了，从此以后再也没有大鱼来骚扰他们了。

这个故事告诉孩子们，当他们遇到困难时不能逃避，而是要学会动脑筋想办法去解决问题；同时也告诉孩子们，一个人的力量是弱小的，但是只要大家齐心协力、团结一心，就一定可以克服困难。这个故事让他们明白了团结就是力量的道理。

看，这里有《大鲸鱼玛丽莲》——

玛丽莲其实不是真的鲸鱼，原来玛丽莲是一个胖乎乎的、不自信的小女孩。玛莉莲不喜欢游泳课，因为她的身体很胖，每次她一跳进水里，就会溅起巨大的水花。其他人看了，都会大声地嘲笑她："玛莉莲，大鲸鱼！"同学们的嘲笑让她觉得很难过。有教练告诉她："如果你试着想象自己的身体很轻盈，你就会游得很好……"玛莉莲决定试试看，结果真的出现了意想不到的效果！这个故事就是她变得勇敢自信的成长故事。

看，这里还有《微生物：看不见的魔术师》——

这是一本科普绘本，作者用生动的语言和故事，帮助孩子们了解微生物的世界：它们的长相、它们的生活习性、它们如何繁殖、它们有哪些了不起的"魔法"。小小微生物，是一个说不完的大千世界，这一本兼具知识性与艺术性的科学图画书，点燃了孩子们对科学的热情，引导他们一起去探索微观世界！

…………

现在，孩子们越来越期待"故事妈妈进校园"活动，满心期待着家长们带着精彩的故事到学校。活动中不仅家长们越来越投入，孩子们也越发欢欣鼓舞。在孩子们心中，"故事妈妈进课堂"的日子已成为一个"好日子"。

感谢"故事妈妈们"！

我们该给孩子们留下些什么？[1]

（2021年4月16日）

尊敬的各位领导、各位来宾，亲爱的同学们、老师们、家长们：

大家上午好！

"最美人间四月天"，在这春风和煦、鸟语花香的时节，我们齐聚一堂，隆重举行"追光震川"校园文化发布仪式。在此，请允许我代表学校向参加此次发布仪式的各位来宾表示热烈的欢迎和衷心的感谢！

校园文化是推动学校发展的巨大力量。

好的文化，可以浸润教师心灵，潜移默化地促进学生健康成长。对于一所学校而言，最重要的不在于教室有多大、设施有多新，而在于学校内在的先进的办学理念和校园文化。因为这是灵魂的东西，是根上的东西，这个内在隐性的东西体现在学校的方方面面。文化和价值观永远是第一位的，文化的引领远比其他引领更震撼人心，更有影响力，更具持久力！

震川小学创办于2018年9月，是国内唯一以明代文学家归有光之号命名的小学。学校将"震川精神"与学校发展紧密结合，着力于学生成长与教师发展，确立了"追光震川"校园文化，以"是学校，也是图书馆"为建校的重要理念，精心打造震川六景。今天，"追光震川"主题文化正式发布，我将系统介绍震川小学校园文化内涵，包含精神篇、环境篇、标识篇、活力篇等。不仅有"一训三风"、震川六景，还有校徽、校服、校歌等的全面展示，以期让大家全面了解"追光震川"的校园文化。

我们一直在想，学制最长的小学，是人生最重要的启蒙阶段。学校，到底该给孩子们留下些什么？

上过的课会忘记，学过的知识也会忘记，而那些忘不掉的，便是我们应该留给孩子们的！这便是文化！引领世界改变的，永远都是思想本身，这就是文化的力量。无论做了多少事情，如果没有文化与理念的引领，就如同没有灵魂，走不远。

我们希望震川小学能行稳致远，早日建设成为"一所具有震川精神浸润的高品质的基础教育特色名校"；我们也希望我们的孩子在震川的校园里除了能收获知识、技能以外，还能带走震川的文化、震川的精神，为人生的发展奠定坚实的根基！

---

[1]此文是笔者在震川小学"追光震川"校园文化发布仪式上的讲话。昆山市教育局王阳副局长和昆山开发区社管局顾勇副局长及相关科室领导参加活动，并共同为"追光震川"揭牌。

当孩子们长大后，回想在震川小学六年的快乐时光，能闪现于脑海的，可能是也是庭的"是学校，也是图书馆"，我们的校园不仅是校园，也是书院；可能是震川藏书楼每周借阅的快乐时光，也可能是午后在开甫廊的随心阅读；可能是震川园种植的那棵苗，也可能是追光剧场的那次小演出；可能是项脊轩外的那棵枇杷树，也可能是归有光纪念馆世美堂的那次行礼……

还有，我们的"追光震川"也一定会被孩子们记住！主题墙上的"心里有光，世界便是暖的"，当孩子们遇到困难和挫折时，这句话一定会被他们时时想起，也一定会给他们带去一生的精神力量！

…………

这些是震川小学的办学理念，是震川小学的校园文化，也是震川小学的灵魂所在！

这些是我们应该给孩子们留下的东西，也是我们留给孩子们最珍贵的人生礼物！

派遣制教师[1]

（2021年4月19日）

震川小学共有教师86名，其中派遣制教师18名，年薪制教师1人，占比达22%。派遣制教师已成为震川小学教师队伍中的重要部分。今天，我们召开全体派遣制教师会议，也正说明了学校对大家的重视。

今天会议，我讲3个关键词。

第一，一视同仁。

不管是正式在编教师，还是派遣制教师，在震川小学，他们都是同样的教师，都承担着同等的教育教学任务。这也是我在行政会议上反复强调的。

我们召开全体教师会议，要求人人参加；教科研活动，要求人人参加；读书会活动，要求人人参加；教学大比武，要求人人参加；基本功大赛，要求人人参加……不会因为身份的不同而差别对待。所以，希望在座的每一位教师，都要摒弃相关思维，全心投入震川小学的教育教学活动，为培养学生尽心、为自身发展尽力。

第二，不断成长。

希望大家要对自己严格要求，就把自己当成在编教师，与所有的年轻教师一起进步，在专业上不断成长，早日胜任教师岗位！

教学上要更加深入研究、深入学习。今年，我们各学科都聘请了专家导师，要认真参与教研活动，认真向导师学习，业务上的成长不仅是对孩子们负责，也是对自己负责。担任班主任工作的教师，要在德育处的指导下做好学生的教育管理工作，做好家校联系工作，关心学生、热爱学生，争取成为受孩子欢迎的好教师，让家长放心的好教师！

第三，放眼长远。

对自己的人生既要有近期目标，又要有长期规划。

考编的教师要在自身发展上努力，平时有时间要认真复习迎考。笔试是第一关，面试是第二关，要在平时多花时间练习。我想，只要笔试能以较好成绩通过，面试大家肯定是有优势的，毕竟震川小学的教学经历一定会起到很大的促进作用。

不管是A类，还是B类，都要努力争取，不要放弃。2021年，我们有5位老师

---

[1]针对派遣制教师在工作过程出现的一些情况，学校召开了派遣制教师会议，这是笔者在会议上的发言。

通过了编制考试,其中尹子恬、杜迎香、马莹莹、金婉玉老师是A类,夏汉宗老师是B类,他们都十分不易,其余老师要以他们为榜样,不断努力!

昆山教育不断发展,编制考试时紧时松,很难预料。所以,一些优秀的民办学校也应该成为大家的选项之一。

其实,不管面临何种选择,教师自身优秀是最为重要的!

对学校而言,在座的每一位教师都能有更好的发展是我们的心愿!大家有什么困难,也尽可以跟我们说,需要学校做的,我们也会努力做好。学校就是我们的家,一定会为大家的发展不遗余力。

谢谢!

校园摄影

（2021年4月21日）

2021年3月26日，昆山开发区震川小学里的油菜花盛开，教师组织学生到教室外上美术课，欣赏美景，绘画春天。

当我第一眼看到这两张照片时，感到一股春天的气息扑面而来。天是那么蓝，草是那么绿，震川园中的油菜花开得金灿灿，照片中叶樱老师细心地指导着孩子们绘画春天。孩子们欢快的表情，映衬在这春天里，尤其让人感动！

于是，我迅速转发了照片。

好的照片就是这样，会让人瞬间感动！

知道大家喜欢摄影，今天，教技室组织了一场别有风味的讲座——校园摄影。

雷鸣主任在开场白里说得非常好：校园摄影，应该看得到师生，看得到故事。一张有故事的照片，才是一张好照片。

郑昌洋老师为这场讲座准备了很长时间，把他的一些经验进行了很好的总结，今天无私地奉献给了大家。他不仅讲了单反相机和手机摄影的一些技巧，还讲了拍摄时的一些构图方式，最后还对近期老师们的一些照片进行了点评。我想，大家也一定和我一样受益匪浅。

摄影其实是一种记录，与文字一样。

我也喜欢摄影，喜欢拍花、拍草、拍树、拍孩子，喜欢用镜头记录生活、记录工作、记录历史，从国际学校到震川小学，从昨天到今天。我们不必在意摄影水平的高低，用心记录，终会有惊喜！

首届校园读书节开幕啦![1]

（2021年4月23日）

敬爱的老师们、亲爱的同学们：

大家早上好！

为进一步深入践行"是学校，也是图书馆"的办学理念，推进基于"震川文化"的无边界阅读支撑系统的构建研究，打造"书香校园"，经研究决定4月23日至30日举办"追光震川，书香童年"首届校园读书节。首先请允许我对首届校园读书节的举办表示衷心的祝贺！

我们希望通过读书节活动，引导每一位学生都亲近书本，学会读书，不断提升师生自我阅读品味，为精神打底，为终身学习发展奠基。本次读书节的主题为：追光震川，书香童年。活动口号是：经典传承文明，书香浸润人生。用阅读点亮孩子心灵之灯。

读书节中，我们将组织和安排丰富多彩的阅读交流、展示、评比活动，有归有光诗文师生硬笔书法展、读写绘作品展示、"我的一本书"制作评比、作家进校园活动、图书跳蚤市场、才艺展示汇演等。希望通过活动，激发全体师生的读书热情，养成多读书、读好书、会读书的能力，推进"三横三纵"书香校园建设，彰显学校办学特色。

老师们、同学们，书籍是人类共同的精神财富，是全人类的营养品。读一本好书，如同交一位益友，一切时代的精华尽在书中。读书决定一个人的修养和境界，关系一个民族的素质和力量。一个不爱读书的社会是人文精神缺失的社会，一个不愿读书的民族是创造力贫乏的民族。崇尚读书，才能让民族的发展保持生命的活力。

读书使人睿智、使人高尚，读书是创造力和活力的起点。诗人狄金森说："没有一艘船能像一本书，也没有一匹骏马能像一页跳跃着的诗行那样，把人带往远方。"读书的孩子最美丽！通过阅读，孩子不仅能增长知识、开阔视野，还能让心灵在阅读中变得更美丽。有人说：每个孩子都是失去翅膀、落入凡间的天使。那么，如何让每个孩子重新变回天使呢？我想，阅读可以让每个孩子重新长上心灵的翅膀，重新变成我们身边真正的天使！

老师们、同学们，读书是一种精神、一种力量，更是一种责任、一种使命。

---

[1]此文是笔者在震川小学"追光震川，书香童年"首届校园读书节开幕式上的讲话。

让我们与书为友，热爱阅读，让美好的书香丰盈我们的生命！

最后，我宣布：震川小学"追光震川，书香童年"首届校园读书节开幕！预祝读书节圆满成功！

谢谢大家。

首届校园读书节开幕啦！

谈教育的均衡

（2021年4月25日）

学期过半，我们的主要工作也已过半。

近来，大家都很忙碌，从春耕节到读行会，从第一届春季田径运动会到"追光震川"校园文化发布仪式，从期中阶段性检测到首届校园读书节的举办，每一项都是重量级的活动，涵盖德、智、体、美、劳诸多方面，与学生发展高度相关。

我们为什么要举办这么多的活动？

因为孩子们只有通过参加相关活动，才能激发兴趣、提升能力，从而形成良性循环。激发孩子们学习的兴趣也是小学阶段最重要的任务之一。孩子们只有对学习充满兴趣，才能更加深入地去学习、去探究、去提升。

但是，有个问题还是要请大家思考：开展这些活动的受益面有多少？是50%、70%，还是90%？

我想各班的受益面恐怕是各不相同的。老师们发动宣传到位，孩子们兴趣高涨，家长支持度高的班级，受益人数就多，受益面就广。相反，若只是表面应付，叫三五个孩子交差，那么举办这些活动的价值就会大打折扣。

这使我想到教育的均衡问题。

"木桶原理"大家都知道，一只桶盛水的多少取决于最短的那块木板，而不是最长的那块木板。一所学校，究竟优不优质、发展到什么层次，也不是取决于最好的那个班级，而是由最差的那个班级决定的。

一所学校，一两个班好不是真的好，要所有班级都均衡发展，所有班级都好，才是真的好。一个班级，几个学生优秀也不是真的优秀，要所有的孩子都有发展，所有的孩子都健康成长，才是真的优秀。这也是我们提倡"两全"理念的缘由所在！

我们的德育，要争取让每一个孩子都"心正情真""心中有光"；我们的智育，要争取让每一个孩子都在原有的基础上有最大限度的提升，而各班之间也应该呈现均衡的状态；我们的体育，要争取让每一个孩子都喜欢运动，并掌握两项体育技能；我们的美育，要争取让每一个孩子都接受艺术的熏陶，喜欢画画，或者喜欢音乐，要让他们的人生充满色彩；我们的劳动教育，要争取让每一个孩子都能学会简单的劳动技能……

"一花独放不是春,百花齐放春满园。"

希望在震川的校园里,无论在哪个班,孩子们都能享受到优质的教育,都能有全面的发展。愿每一位教师都快乐!愿每一个孩子都幸福!

读行会

（2021年4月30日）

读万卷书，行万里路。

"读万卷书"是指应该广泛阅读，使自己具有渊博、扎实的文化素养；"行万里路"是指要广泛地了解、认识和接触社会，并把书本知识应用于社会实践。连贯地看这两句话的整体内涵，就是既要重视书本知识，又要重视社会实践；或者说要注重理论与实践的有机结合，也即"知"与"行"的结合。

震川小学开办以来，就十分注重对孩子"知"与"行"的培养，我们的育人目标便是"培养心正情真、笃学崇实、知行合一的现代小公民"。在这样的理念下，成立读行会便是顺理成章的事了。

早在2019年，在学校德育处和家委会的共同努力下，读行会家校联合推动小组就召开了"读行会成立专题说明会"。家委会汤德正同志对组建各班级亲子读行会做了详细的说明，家长代表们热情高涨。

架构式读行会推动小组由王郴同志担任组长，主要负责组织与协调工作；汤德正同志负责宣讲与宣传工作，将读行会相关政策与运行模式宣导到各班级；杨海琴同志负责策划，拟定读行会的活动排期计划；束丽与朱晓岚同志负责联络工作，负责校内外活动的组织联系。

会议明确，读行会的性质包括"读"和"行"两部分，主要以校内阅读及活动和校外拓展读行为主题；是个长期运行机制，参与的家庭要持之以恒；具有自愿自费的组织性质；需要全员分担组织事务；是有结构、有规则章程的家校合作组织团队。

同时要求以班级为单位，有三组家庭参与即可运行，不足三组家庭的继续招募并做足准备工作；符合推动小组章程架构组织；达到活动组织纪律要求。

随后，学校的班级读行会便如雨后春笋一般成立起来。读行会的活动真是丰富多彩！

二（8）班举办了"星空读行会"，在清明时节来到了苏州东山双湾村，体验了一把浓浓的采茶情。采茶、择茶、炒茶、品茶……孩子们体会着碧螺春的生产过程。新鲜的茶叶出炉，大家志得意满，千年的茶道便在年复一年的追求和执着中传承。

三（4）班的"辰星亲子读行会"为了给孩子们提供多元化的教育，举办了"西餐礼仪"主题活动，来到了水天堂西餐厅。他们一起做比萨，教孩子们刀叉的用法，让孩子们了解用餐礼仪，从而实现优雅的用餐，希望孩子们都能成为一个文明的就餐者。

二（6）班举办了"繁星点点读行会"，走进了昆山市公民道德馆，进行了一次寓教于乐、潜移默化的道德教育。孩子们了解了顾炎武、归有光、朱柏庐、祖冲之等昆山先贤；学习了孔子、老子、管子等古代德贤的道德格言。一幅幅图片、一帧帧视频、一件件实物，孩子们"零距离"了解了昆山市各级道德模范、昆山好人的先进事迹，深刻感受到道德榜样的力量。

…………

如今，读行会的活动已开展近100期，有"参观消防救援站""垃圾分类我先行""迎新春、写春联、送祝福""相约东篱园，共享丰收悦""缅怀革命英烈，传承红色精神""共读分享《爸爸的画》"……

读行会不仅让孩子们的童年书香满溢，激发了他们的阅读兴趣，让他们的童年浸润在泌人心扉的书香里；同时也让家庭关系更加和睦融洽。通过亲子共读，增进了父母与孩子间的情感交流，而且还培养了孩子们的自信心，拓宽了他们的视野。通过读后分享及户外活动、探究生活，引导孩子们树立正确的价值观。

5月

震川的德育

（2021年5月6日）

工作的方法有很多种：有的可以自上而下做，先做顶层设计，再细化方案措施，形成一整套方法、思路，如学校的发展规划；有的可以先行实践，在实践中积累一些经验，然后辅以理论的指导，形成自己的思路、特色，如震川的德育。

震川小学开办至今已有两年多的时光，我们的育人目标是"培养心正情真、笃学崇实、知行合一的现代小公民"，但如何来培养，则没有先前的经验可借鉴。这两年，在丁志洁副校长和陈丽娜主任的带领下，全体老师尤其是班主任们做了大量有益的探索，也积累了很多经验。2021年年初，丁校长和陈主任找到我："我们想把震川的德育全面梳理一下，形成我们的特色，你给我们出出主意。"我欣喜道："我们的《生活指导手册》已出版6册，学生的品德培养也已形成全方位多个重点，读行会又助力学生成长……震川的德育已初步具备了自己的特色，但要进一步发展必须形成体系。这个可以请教一下袁干斌主任。"

于是，梳理震川德育体系工作便水到渠成了。

袁主任闻此讯息，也十分高兴，我们一起讨论良久。袁主任说："可以朝两个方向发展，一是申报'十四五'省级课题，二是申报苏州市品格提升工程。"申报项目是其次，主要是通过申报来提升学校的整体德育水平，最终促进学生的健康成长。

近些日子，丁校长、陈主任及顾琳、王亚萍、蒋丽萍、吴倩云等老师也忙碌起来了。她们加班加点学习、总结、整理、提升，终于初步形成了《追光文化视域下儿童"心正情真"品格培养的实践研究》[1]。该课题既与震川文化相结合，又与育人目标高度融合，形成了自己的特色。

归有光的文章以情感人，尤其是他的代表作《项脊轩志》，虽只描述日常小事，却已成为经典。他为人、为官也秉直公正。学校从其文章、为人处世出发，归纳出"心正情真"这一德育目标。苏霍姆林斯基也认为德育目标就是培养"好人"，而"好人"最根本的标志是有善良情感和奉献精神，这与学校提出的育人目标不谋而合。其实，"心正情真"既是学校德育的起点，也是目标。为了便于进一步深入探索与研究，学校将"心正情真"品格培养分解为"明理、求真、力行、至善"四个方面，力求通过系统实践，让学生有一颗明辨是非的心；不虚

---

[1]《追光文化视域下儿童"心正情真"品格培养的实践研究》已获批苏州市品格提升工程项目。

假，不造作，不自欺，不欺人；学以致用、知行合一；知善，行善，以真诚的态度待己待人。培养学生"心正情真"的品质，是引导学生树立正确的世界观、人生观与价值观的过程。

学校将从建设校园文化场域、编制文化主题读本、拓展综合实践体验、开展项目系列活动、发掘学科品格元素、构建家校共育模式等方面培养孩子的品行。

期待震川的德育能以此为新的起点不断发展，为孩子们的健康成长助力！

假如是我的孩子

（2021年5月8日）

今天，育英幼儿园的孩子们来给我校的妈妈老师们献花，因为明天是母亲节。

2021年的母亲节，大家绕不开的话题之一我想必有"李焕英"。作为过年期间的热门影片，《你好，李焕英》给了我们诸多感动！

影片最开始以贾晓玲为视角。贾晓玲为了改变母亲的命运，让她更加开心，试图撮合她与厂长的儿子沈光林结合。剧情很好笑，又有些荒诞。而电影的结尾说，李焕英是48岁的李焕英。整个剧情就升华了。

李焕英即使面对死亡，也不愿改变命运，因为她希望她的女儿健康快乐！

母爱真是我们无法想象的伟大！

贾晓玲3岁时拉裤子，李唤英没有责备她。她笑笑说："你怎么总拉裤裤呢？说明你比一起上幼儿园的哥哥姐姐小。你比他们小还能一起上学，我女儿肯定特别聪明。"并给她清洗干净裤子。

女儿比较皮，经常把裤子摔破，李焕英没有责骂，而是熬夜苦练缝补技术，从最初歪歪斜斜的补丁，一直补到可爱的卡通图案。

女儿读书成绩不佳，在女儿考试不及格时，李焕英没有特别严厉地批评女儿，每每被老师叫去学校，回来却从不对女儿发脾气，更多的是鼓励。

女儿让自己在老同事、老闺蜜、老对手面前丢脸，用假入学通知糊弄李焕英，她也没责怪她，而只希望女儿健康快乐就好。

············

在李焕英身上，我们或多或少见到了自己母亲的影子。

"只要健康快乐就好！"

是的，这是天底下所有母亲对孩子的朴素期待，也应该是我们教育者对孩子们施教的基本准则。我们许多老师都是为人父、为人母，尤其能够感受其中的深意。还有很多年轻的老师们不久后也将为人父、为人母，到时体会得可能更为深切！

这使我想到了一个假设：假如是我的孩子，我们该怎么来实施教育呢？

这真是一个十分有趣的假设！

假如是我的孩子，当他们快乐时，我们定会与他们分享快乐；当他们取得进步时，我们定会及时地表扬他们；当他们遇到挫折时，我们定会耐心地鼓励他们；当他们犯错误时，我们也定会耐心地批评教育他们……

假如是我的孩子，我们一定会把最好的给他们！

也只有把学生当成自己的孩子，我们才能实施最好的教育！

我希望，震川的每一位老师都能把学生当成自己的孩子，让孩子们感受到我们真挚的爱；我也相信，震川的每一位学生也一定能感受到大家母亲般的关怀，在爱的田野里，茁壮成长！

母亲节，祝所有的母亲和准母亲们节日快乐！

读书，读书，再读书

（2021年5月10日）

4月23日至30日，学校举行了"追光震川，书香童年"首届校园读书节。读书节期间，开展了丰富多彩的交流、展示、评比活动，涌现了一大批优秀集体和个人。今天的升旗仪式，学校进行了首届阅读节表彰。

有13个班级获得了"书香班级"称号，有近200名学生获得了"书香学生"称号，有96个家庭获得了"书香家庭"称号，还有25位教师获得了"书香教师"称号。同时，还表彰了获奖集体，有在"硬笔书法"展示评比中被评为"小书法班"的，有在"读写绘（读书小报）"展示中被评为"最佳阅读园地"的，有在"我的一本书"制作评比中荣获"最佳创作奖"的，有在班级书柜评比中被评为"最美图书角"的，有在"阅读模仿秀"展演中荣获"最佳节目奖"的，还有在"师生诵读"展演活动中荣获"最佳节目奖"的。另外，还表彰了一大批获奖个人。

这次读书节活动真是办得有声有色，师生热情高涨，参与度也高，对学校前期"是学校，也是图书馆"的建设进行了阶段性的总结。

读书节活动虽然告一段落，但我们的读书才开始！

一个真正的图书馆式学校的建设离不开读书！要人人读、时时读、处处读，让阅读像呼吸那样自然、那样重要。

一所真正的图书馆式的学校，只有老师读、孩子读，并带动家长读，才能最终真正散发出书香！读过的书有可能会忘记，但实际上读书与吃饭一样，食物变成营养滋养我们的身体，而读书变成营养，滋养的则是我们的灵魂！

希望我们每一位老师的办公桌上、床头柜上时时都能有一本好书，我希望我们的孩子在书包里也一直放着不同的好书，我也希望我们的家长在家里能营造好的读书氛围，跟我们的学校一样。

让读书融进我们的身体、融进我们震川人的血液里……

2020年年末，我问徐铱霞老师："我们学校的借阅达到了什么水平？"徐老师告诉我："才刚开始不久，尚未达平均水平。"上周，我到震川藏书楼借书，徐老师骄傲地告诉我："我校的图书借阅已达高中类学校一级水平！"这真是一个好消息。藏书楼已真正成为孩子们每周必打卡的地方了。

但是，借书只是阅读的开始。孩子们借回去以后读了没有？读了多少？会不会读？效果怎样？这些都是我们接下来要重点思考的问题。

还有，我们老师的阅读量如何呢？要知道，读书可是老师最好的修行呢！

让我们一起，读书，读书，再读书！

什么样的老师是一个好老师？[1]

（2021年5月12日）

我始终觉得，我们探讨这样的一个问题，真是具有十分重要的意义！

"思想决定行为"，有怎样的认识，就会有怎样的行为。如果我们不能对一个好老师的标准有正确的认识与评判，那么我们就可能成不了一个真正的好老师。

震川小学是一个年轻的学校，有太多的年轻老师。我们的教育人生才刚刚开始，但必须从一开始就树立正确的价值观与教育观，才能行稳致远，最终成为孩子与家长心中的好老师！那么，究竟什么样的老师才是一个好老师呢？

其实，从不同的角度来评判，好老师的标准也真是不尽相同。我个人的基本观点是：教师是相对于学生而言的，若要评判老师怎么样，就势必站在孩子的角度。能真正促进孩子品行发展，促进孩子学业进步，为孩子成长奠基的，那就应该是个好老师！

因此，我觉得好老师应该具备以下两点基本素质：

第一，要有"能力"。

这里的能力，主要指以下两个方面：

一是教学能力。孩子们到校上学主要的时间都是在课堂上度过的，那么就需要我们在课堂教学上有足够的能力，通过我们的教学，孩子们的学业素养能得到较大的提升。这应该是一个好老师最基本的能力素养。

二是管理能力。不管是班主任，还是任科老师，都要对班级进行或多或少的管理，那么就要求我们有必要的管理能力，营造良好的班风、学风，培养孩子们良好的习惯，从而促进孩子们的学习。

第二，要有"师爱"。

有"能力"，我们可以很快成为一个骨干老师——教坛新秀、教学能手、学科学术带头人……但仅仅如此还远远不够。"能力"是成为好老师的一个必要条件，但不是充分条件。有一些老师业务能力很强，却不是孩子们心目中的好老师，或许是缺少了"师爱"。

爱生如子。一个好老师一定是将学生当作自己的孩子一般的！

小学阶段是孩子们启蒙发展的重要时期，我们对学生不要限于知识上的传授，更重要的是传授学生做人的道理，将学生培养成积极向上、勇于探索、充满好奇心、乐

---

[1]震川论坛的主题为"什么样的老师是一个好老师？"，朱玲欣好、俞虹、邓娅丽、周慧老师做了主题发言。这是"三好"标准讨论的第二论。

于助人并有着宏大视野的人，成为学生人格、人品的培养者。这就需要我们时时处处对学生充满爱心，表扬激励，积极引导，包容孩子们成长路上的错误，给孩子们正确的引领……

好老师一定是基于学生的角度而言的。如果一个老师专业水平很高，然而他班上的孩子们并未因此受益，那么，我认为他也称不上是一个好老师！我觉得，孩子们受益量越多、受益面越广，这个老师也就越好。

我想，能让学生感恩记住一辈子的老师，一定是个好老师！而学生记住的肯定不会是你身上的"光环"，而是你基于师爱的一个眼神、一个动作、一句话、一件事……而正是你的爱，改变了孩子的一生，也让他铭记了一生！

其实，我们无法用一句话以偏概全地去阐释好老师到底是怎样的，但是当一个好老师出现在我们面前的时候，我们所有的人心底都会知道：噢，我们终于碰到了一个好老师！

愿我们的老师都能成为这样的一个好老师，我们或许不可能人人都成为学科学术带头人，但只要我们有"师爱"、有"能力"，我们每一个人都是可以成为一个好老师的！

归有光纪念馆开馆啦!

（2021年5月18日）

今日震川,门庭若市,嘉宾云集。

枇杷成熟之时,世界博物馆日到来之际,归有光纪念馆正式开馆啦!开馆仪式简短而不失隆重,紧凑而不失精彩。

张桥副市长在开馆致词中说:"昆山历史悠久、文化深厚,古往今来、人才辈出,其中,以大思想家顾炎武、大散文家归有光、大教育家朱柏庐为代表的昆山先贤,集中展现了昆山的文化风骨,铸就了昆山的思想高峰,是昆山人家喻户晓、引以为傲的文化名片。""'亭林经济、震川文章',归有光先生的散文风格朴实、感情真挚,被誉为'明文第一',一篇《项脊轩志》,寥寥数笔却触动人心,是经久不衰的经典。弘扬先贤文化,名人纪念馆是重要载体,归有光纪念馆的正式启用,将成为昆山弘扬优秀传统文化的新阵地、开展对外文化交流的新窗口,希望同学们都能够像归有光先生那样,做眼中有光、心中有梦的人。""希望相关单位和学校合理规划各类名人纪念馆的开放使用,进一步丰富展览内容形式,加强先贤文化研究,激发优秀传统文化的生命力,以文化人、以文育人,培养担当民族复兴大任的时代新人。"

张副市长的讲话十分精彩,讲到了文化的精髓。

开馆仪式上,市文体广旅局苏培兰局长、社管局李斌局长、教育局姚永清副局长一起为"归有光学术思想研究课程建设项目"启动助力;归有光后人归晓波先生也代表归家后人致词,并为归有光纪念馆赠送了书法作品,市委宣传部栾根玉副部长代表主办方接受了捐赠;最后张桥副市长和开发区纪工委陈春明书记为纪念馆揭牌。全体与会领导、嘉宾在归有光纪念馆门前合了影,并参观了归有光纪念馆。

今天的活动举办得很顺利,师生的节目尤其精彩!

一开场,孩子们的归有光诗文表演十分让人感动!二年级的田庄悦扮演得真像老师,不满10岁的薛雨泽把归有光演绎得十分传神,尤其是最后望着项脊轩庭中亭亭如盖的枇杷树的感慨,和着音乐反复吟诵,让人不禁感动泪目……

张志明老师对节目的要求很高,他所排的节目均精益求精、感人肺腑。据说,为了排好这个节目,他专门学习了归有光的著作,读至感人处常情不自禁、泪如雨下,所以才有了这个高质量的节目。

今天沈崇旖等7位老师朗诵的归有光名篇《项脊轩志》也十分精彩，所有在场的领导、嘉宾随文入景，共同走进了归有光的精神世界……

最后的《梦想之光》合唱，孩子们用稚嫩的声音唱出了震川学子的心声："今朝花朵，明天栋梁，我们幸福成长！"

归有光后人、归有光第十五世孙归晓波先生坐在我旁边。他说："这歌词写得真好！这歌声十分动听！"

是的，震川的一切都是那么美好！

这几日正是苏州洞庭枇杷上市之时，枇杷味美甘甜。

文人写枇杷者众，写枇杷写得最好、留给人们念想最多的，是一个苏州人，他就是归有光。"庭有枇杷树，吾妻死之年所手植也，今已亭亭如盖矣。"枇杷除美味之外，还别有一番风情，有故事、有相知、有思念、有物灵。

愿归有光的精神在震川小学永流传，愿震川师生永远心里有光、追光前行！

唤醒沉睡中的孩子

（2021年5月19日）

昨天晚饭后我到学校转转，看到天趣楼三楼办公室的灯还亮着，走到楼梯口，传出袁博雅老师打电话的声音，方知是袁老师与家长在沟通相关情况，我于是转身去了震川园，没去打扰她。

在震川校园里，像袁老师这样，下班后还留在学校工作的情况还真不少，大家或备课写教案，或钻研学习，或处理白天在班级里发生的一些问题……为大家点赞！也向大家致敬！

今天下午，陈丽娜主任到我办公室跟我请假，说放学后要陪袁老师一起上门去处理昨天发生的学生磕牙事件。原来，昨晚袁老师就是为此事而烦恼！

所以，今天的震川论坛，德育处把主题确定为"唤醒沉睡中的孩子——转化后进生的实践交流会"，我觉得特别有现实意义。它与我们的工作结合得太紧密了，每个班都会有后进生，每个老师也都会教到后进生，如果把后进生成功转化为学优生，那么整个班级的水平都会提升一大截。

顾静芳老师首先登台，她说："对后进生首先要改变他们的态度，然后得制订计划，这样方能有效。"沈崇旖老师讲述了她对班上一位后进生从认识上和行动上的改变："看着看着，这些字似乎串成了一条线，那是一条崎岖泥泞、荆棘遍地的道路，一直往远处延伸。而在这条路上，依稀还有个艰难前行的身影，他是那样弱小而无助，又是那么沉默而倔强。"每一个后进生背后都有原因，每一个后进生也都不易，只有走进他们的内心，才能真正改变他们。张欣婷老师从集体关爱、降低要求、耐心引导3个方面讲述了自己改变班上一位后进生的方法，张老师侃侃而谈，仿佛是一位经验丰富的老教师。朱于辉老师讲述了在改变后进生的过程中要有耐心、恒心、细心、信心，他以学生的口吻、从儿童的视角来表达，让人感同身受，他们是多么渴望能在校园里奔跑、能自由地上好各种课。我想，当我们以"都是为了你好"而留学生补作业时，是否该替他们想想？李娜老师讲述了后进生的转变方法，即鼓励为主、经常沟通、安排任务、家校合作，四力合使，学生才会有所进步。郭陆方圆老师也是一个"老"班主任了，她概括了这几年转化后进生的8个方法，也让人思考良多。

今天的6位老师都谈得非常好！每位老师都结合了自己的教育经历，举例阐述、形象生动，让我们受益匪浅！大家都不约而同地谈到了"爱"，确实师爱一定是改变孩子的一剂药方。虽然大家都很年轻，但我在大家身上仿佛看到了未来优秀班主任的身影！

其实，当老师最大的乐趣在于转化后进生，最大的幸福也来自成功转化了后进生，进而改变了他们的人生。老教师们都有感慨，待孩子们长大后，跟老师感情最深的恐怕就是那些当年在他们身上花费时间、精力最多的后进生！尤其是当他们长大成才，做老师的会觉得一切付出都是值得的！

今后，类似的论坛、沙龙还需要多举办，每个老师在教育教学过程中都会遇到不同的问题，有的处理好了，而有的又成了更大的问题。他山之石，可以攻玉，或许别人的经验可以给我们很好的启迪，也可以使我们少走很多弯路。

近期，我加了全国优秀教师于洁老师的微信，我常看她发的一些信息，她从昆山市葛江中学轮岗至昆山市花桥集善中学，从初二开始带一个成绩落后的班级，现在近两年的时间，她利用各种时间节点，通过各种方法，转变班中的后进生，如今她带的班已妥妥稳居全年级第一！

德育为先，唤醒沉睡中的孩子，会让我们的教育教学工作事半功倍！

期待震川小学也能出现于洁这样的优秀老师！相信也一定会出现这样的优秀老师！

震川的美育

（2021年5月24日）

今天，学校的合唱团参加昆山市中小学艺术节合唱比赛，这是学校首次组织学生团体参加昆山市级艺术现场赛，意义重大。据说，我们的合唱团是所有参赛学校里年龄最小的。但孩子们不惧强手，与哥哥姐姐们同台竞技，唱出了震川学子的风采，难能可贵！

我想，比赛结果如何已不再重要，重要的是孩子们参与了、体验了，更重要的是在训练参赛的过程中，孩子们提升了自己的音乐素养，提升了自己对美的理解。

由此，我想到了震川的美育。

苏联著名的教育家凯洛夫说："美育是学生全面发展的一个不可缺少的部分，它的本质在于理解自然和社会的美，理解人与人的相互关系的美，在于以艺术眼光来认识周围现实，也在于培养艺术上的美的创造力。"

美育，简单地理解就是"美的教育"，它是德、智、体、美、劳全面发展的重要组成部分，与其他教育互相影响、互相促进，具有其他教育不可替代的重要作用。我认为，实施好美育，不仅能提高学生成长的幸福度，而且能对孩子的成长发挥有十分正向的作用。

而艺术教育无疑是实施美育主要的内容和途径。艺术教育能够培养学生感受美、表现美、鉴赏美、创造美的能力，引导学生树立正确的审美观念、陶冶高尚的道德情操、激发想象力和创新意识，促进学生的全面发展和健康成长。

学校美育的实施途径主要有以下三点：

第一，通过学科教学进行美育是学校美育的主要途径。

我们要上好音乐课，音乐是反映人类生活现实情感的一种艺术。教学中，要选择内容健康、曲调优美、形象鲜明、风格多样的作品来培养学生美感。我们要上好美术课，要使学生初步掌握美术的基础知识和基本技能，培养审美及创作能力，提高学生对中外优秀艺术作品的欣赏能力。我们要上好语文课，通过生动、精练的语言概括现实生活和人物思想，以此来体现美，在语文教学中要加强学生听、说、读、写的训练，提高学生再现美和创造美的能力……

第二，通过课外活动进行美育是学校美育的重要补充。

目前，学校的社团活动陆续开展，我们成立了各类社团培养学生的艺术技能，发展学生体验美和创造美的能力。要让学生具有绘画、唱歌、舞蹈、手工、雕塑、文学等基础认识和基本技能，通过组织各种各样的艺术实践活动，发展其技能、技巧，提高学生运用艺术形式体现美和创造美的能力。

第三，通过社会实践进行美育是学校美育的必要延伸。

社会，是美育取之不尽的源泉。各班的读行会可以组织学生远足、旅行，游览优美的风景区，读行结合，感受并欣赏祖国的美好河山。学校也可以适时组织综合实践活动，让学生在实践中欣赏美、鉴赏美、创造美。当然，德育处也可以组织学生参加一定的生产劳动、公益活动。总之，美育应贯穿于社会和家庭的日常生活之中。

我们所倡导的"两全"理念，涵盖全体震川学子，也涵盖每个震川学子的全面发展。因此，实施好美育对人的全面发展尤为重要。我们开足各类课程，开展大量丰富多彩的艺术活动，组织大合唱比赛，参加省级中小学生朗诵比赛，开展书法绘画比赛……这些都是为了培养孩子们的审美能力。在孩子们有基本审美能力的基础上，我们再努力培养孩子们创造美的能力，每个孩子掌握一项艺术便是孩子美育特长的主要体现。

总之，美育对培养学生健康的审美观和审美能力，陶冶高尚的道德情操，培养全面发展的人具有重要作用，我们必须加强美育教育。

川上囿

（2021年5月27日）

春耕节后，震川园中的菜地陆续被师生"认领"种植。大家都十分用心，为园子取了各式各样的名字，从"懿亩田"到"娜块地"，从"秋的果实"到"此地有宝"……不同的名字或许寄托了相同的愿望。

我也得为园子取个名字，"川上囿"是我忽然想到的，意即震川楼顶之上的菜园。谐音为"川上有"，取"震川之上皆有"之意。于是，我在淘宝上找了一家店，选了一个板型，配上书院的印章，一再上叮嘱店主用篆书书写，于是园牌便有了！

菜园里种植了茄子、青椒、番茄、冬瓜，木架旁顺手栽植了丝瓜、黄瓜和扁豆。

不同的植物，种植方法也各不相同。

茄子相对容易种植，栽下去之后，适时施肥、松土，楼顶风大，等茄苗长大一些，我便网购了竹竿，插在茄苗旁边，为其固定，助其生长。再大些后，就要修枝打杈了，一般都是采用一些互控式的层梯整枝的方式来进行修剪，据说这样茄子才会高产。这些天，茄子开花了，有的结出了一个个小茄子，很让人期待！

青椒的种植方法与茄子的种植方法相近，但青椒容易招虫。有一种灰色的硬壳虫，叫椿象，也叫臭屁虫，喜欢吸食植物幼嫩部位的汁液，导致落花落果、叶子枯萎等，青椒就容易受此虫害。我种植不多，就坚持不打药水，看见一条虫就捉一条，不久后几乎没有这种虫了。现在，青椒也开花结果了，我种的是灯笼椒，很大的那种，估计马上就能采摘了。

番茄是极会生长的品种，与茄子、青椒同期种下，现在却长成它们的几倍高，修剪就显得十分重要了。为了科学修枝，我请教了"度娘"，学会了剪除"吸根"，知道了"打尖"。

丝瓜、黄瓜和扁豆都是攀援型的植物。丝瓜喜高，震川园中那个木架恰好有2米高，很适合丝瓜生长。黄瓜喜欢三角形的支架，一边向上生长一边开花结果。扁豆爬上去后喜欢横着长，结果一般在夏末初秋。

冬瓜是最易种植的，浇水、施肥，楼顶上光照足，它就会四处生长，哪边有空地就往哪边爬。希望今夏能结几个冬瓜。

震川园中，还有许多同事、家长和孩子们种植了其他不同的作物。小白菜、玉米、四季豆、豇豆、西瓜、草莓、生菜、向日葵……应有尽有，而且都管理有方，如今园中一派生机勃勃的景象！

种植是一门科学，也是一门艺术。植物千差万别，有的喜阴，有的喜阳，有的自然生长，还有的要借助架子攀爬……品种不同，种植方法亦不同。即使同一品种，照料程度不同，结出的果实也千差万别。

育人如育苗，同为"园丁"，我们是否从中有所启迪呢？

我们都是后来人 [1]

（2021年5月31日）

亲爱的少先队员们、敬爱的辅导员老师们：

大家上午好！

刚才，二、三年级的少先队员们给我们带来了一出精彩的情景剧——《我们都是后来人》[2]。剧中的主角叫夏明翰。

1928年3月20日清晨，共产党人夏明翰被押赴刑场，当国民党反动派问他还有什么话说时，他挥笔写下了一首气壮山河的就义诗："砍头不要紧，只要主义真。杀了夏明翰，还有后来人！"随后，他壮烈牺牲，年仅28岁。

在狱中，夏明翰曾说："我一生无遗憾，认定了共产主义这个为人类翻身解放造幸福的真理，就刀山敢上，火海敢闯，甘愿抛头颅，洒热血。"夏明翰壮烈牺牲，他留下的那首正气凛然的就义诗，是共产党人坚守信仰的一面旗帜、一座丰碑，激励了无数后人为共产主义事业而奋斗。

少先队员们，2021年是中国共产党成立100周年，中国共产党已经走过了100年艰辛而辉煌的风雨历程。在党的旗帜下，涌现出许许多多优秀的中华儿女，前赴后继，为中华之强盛而奉献青春和生命！少先队员们，我们是共产主义事业的接班人，我们是祖国的未来，我们都是后来人！

今天，学校有143名一年级的同学光荣地加入了中国少年先锋队，成为一名少先队员。加入中国少年先锋队既是你们的荣誉，也是你们的使命与责任。我代表学校党组织对新队员们表示衷心的祝贺！

新队员们，红领巾是少先队员的标志，是五星红旗的一角，是千千万万像夏明翰这样的革命烈士用鲜血染红的，所以你们要佩戴它、爱护它！希望你们多为他人着想，多为集体着想，在少先队中历练，为胸前鲜艳的红领巾增添光彩，为震川小学增添光彩！

队员们，你们是幸运的一代，更是肩负重任的一代，你们是祖国的花朵，是民族的未来，是我们伟大事业的希望，是新时代真正的主人。古人云："千里之行，始于足下。"你们要牢记党的教导，珍惜胸前鲜艳的红领巾。永远担负起新时代的重托，努力培养自己的创新精神，锻炼自己的实践能力。立志终身学习，从小养成良好的思想道德品质。争做举止文明、高贵大气、集民族情怀和世界眼光的新时代的少先队员！

我也诚挚地希望各位辅导员，大家一如既往，把爱心和热心献给孩子们，把智慧和才能献给红领巾事业，做少先队员的亲密朋友和指导者！

"星星火炬，代代相传！"祝愿同学们在星星火炬旗帜的指引下，在震川小学的校园里健康快乐地成长，努力为共产主义事业而奋斗！

谢谢大家！

---

[1]此文是笔者在"童心向党，红领巾在飘扬"一年级入队仪式上的讲话。

[2]此节目获江苏省2021年度"我心向党"中华经典诵读大赛特等奖。

6月

我们10岁啦![1]

（2021年6月1日）

亲爱的孩子们，你们好！

10年前，一个个可爱的天使降临人间，一声声响亮的啼哭，那是你们给这个世界的第一声问候；10年前，摇篮边一串串动人的旋律，摇晃起那些梦一般的彩色童话，那是亲爱的妈妈为迎接你们唱出的最美妙的歌谣！

忽然间，今天的你们，已经10岁了，你们即将告别金色的童年，走进更加五彩斑斓的少年时代。今天，我们在这里隆重举行震川小学2018级学生"童年向党 追光成长"10岁成长礼，共同见证这个庄严的时刻！

首先，请允许我代表学校全体老师对三年级全体同学表示衷心的祝贺！祝你们——10岁生日快乐！同时，我们也要对爸爸妈妈说一声——祝贺你们！你们的孩子长大了！感谢你们一路的陪伴和呵护！

10岁是成长过程中的一个站点，10岁是迈向少年时期的关键。你们是震川小学的首批学生，在震川，你们永远是大哥哥、大姐姐。这3年，我欣慰地看到你们的脸上多了一份属于少年的天真与朝气，眼神里充满了睿智与好奇！作为师长，我的内心感到无比激动与骄傲！在今天这个重要的日子，除了祝福，我想送你们3句话：

第一句——心怀感恩，敬畏生命。

我们要感恩我们伟大的中国共产党，感恩我们伟大的祖国。今年，党100岁了，100年来，中国共产党带领全国各族人民不断奋斗，才有了今天祖国的强大，才能让我们拥有幸福的生活。你们要感恩你们的父母，他们不仅带你来到这个世界，而且含辛茹苦照顾你们衣食起居，抚养你们长大，为你们遮风挡雨。你们要感恩你们的老师，为了你们的成长，他们不辞辛苦，竭尽所能。同样，你们要感恩你们的同学，因为他们与你朝夕相伴，让你懂得如何与人相处、如何谦让、如何团结协作。

第二句——牢记校训，砥砺前行。

震川小学建校3年，"追贤慕德，有光于心"，这3年来，你们与学校共同成长。"质朴质真，思贤思齐"，我们要怀揣真诚之心，积淀心正情真的优秀品质；"自主自得，实学实用"，我们要懂得学以致用，在实践中获得真知。踏踏实实砥砺心智、完善人格，学会劳动，学会勤俭，学会谦让，学会宽容，学会自省，学会自律，让美好的品德伴随人生成长之路。

---

[1]此文是笔者在"童心向党，追光成长"三年级学生10岁成长仪式上的讲话。

第三句——胸怀家国，立志高远。

同学们，历经3650个日日夜夜，你们已成为一个个怀揣梦想的少年，责任在肩。梁启超在《少年中国说》写得好——"今日之责任，不在他人，而全在我少年。少年智则国智，少年富则国富，少年强则国强"，你们就是"国家"，你们就是未来，你们就是希望！

同学们，在生命的天空中磨炼双翼，奋力翱翔吧！所有的家长、所有的老师，都期待你们能够飞得更高、飞得更远！今天将是你们的一个新起点，预示着你们更懂事、更明理，承担更多责任，付出更多关爱。

最后，祝愿所有震川学子在震川小学这个大家庭里能够健康快乐、茁壮成长，也祝全体老师、家长身体健康，工作顺利！继续为孩子们的茁壮成长不懈努力！

今天是六一儿童节，再次祝全体同学节日快乐！谢谢！

昆山开发区震川小学三年级十岁成长礼

感谢

（2021年6月1日）

最近的半个月，可能是震川小学开办以来最忙碌的半个月。

2021年5月中旬，为了更有序地完成各项工作，我们召开了"5月主要活动协调会"。会上，我们对相关活动进行了讨论、布置。

5月18日，举行归有光纪念馆开馆仪式。纪念馆办在学校，在昆山应是首例，开馆仪式上，嘉宾云集。此次开馆仪式应是震川小学活动史上出席嘉宾层级最高的一次活动。活动虽简短，却隆重。孩子们的归有光诗文表演感人肺腑，给大家留下了深刻印象。纪念馆的布局设计，也让嘉宾赞叹不已！

5月24日，参加昆山市中小学合唱比赛。震川学子首次亮相市级现场团体赛，意义重大。虽然只是二、三年级的学生，但大家不惧强手、稳定发挥，终获二等奖的好成绩！

5月28日，参与江苏省诵读大赛节目的录制。当天下午4:30孩子们用过晚餐后，6点由学校统一发车前往陆家镇，整场节目一直拍摄到晚上10点才结束。孩子们展现了非凡的精神毅力，虽然年纪小，却能体会到革命先烈甘愿为国家、为人民牺牲的革命大无畏精神，每每朗诵至精彩处，让人动情落泪！《我们都是后来人》一定会让大家铭记！

5月31日，举行一年级入队仪式。多年来第一次分批入队，程序规范、组织有序，新队员们不仅知道了幸福生活的来之不易，也对红领巾有了进一步的认识，红色种子已经深播，入队仪式意义深远！

6月1日，举行三年级10岁成长礼。震川小学首届学生的成长礼，让孩子们兴奋不已，也让老师和家长们兴奋不已。四个篇章有序衔接，内容丰富多彩。相信孩子们一定会记住这个10岁集体生日！今天，震川校园已成孩子们欢乐的海洋！

…………

孩子们的优秀表现，离不开老师们的悉心指导！上述活动的顺利开展，是大家共同努力、无私付出的结果！

多少个早晨、多少个放学后，校园里总能看到大家忙碌的身影，一遍不行两遍，两遍不行三遍，直到大家满意为止。动作、语言、服装、道具、音响、化妆……每一项都离不开大家的共同努力，大家也都在以高品质的标准要求孩子，以便呈现出高水准的节目!

令人欣慰的是,上述活动在短短半个月内全部圆满呈现,得到了各方的称赞,实属不易!各类高品质的活动的开展,为震川小学慢慢积累了办学声誉,也提升了教师的组织能力,更重要的是,学生在此过程中获得了快速的成长!学校、教师、学生同步成长和发展,这正是我们的办学目标!

再次向大家表示衷心的感谢!正是因为有了你们,震川小学才有了希望,孩子们才有了未来!

震川的智育

（2021年6月2日）

2021年年初，我与行政领导们谈的比较多的是我们的管理要从"问题管理"向"方法管理"转变。其实，在教育教学过程中遇到的很多问题都是共性问题，需要我们用智慧和方法去解决，形成方法后，我们开展工作便会更加得心应手、事半功倍。

记得上学期期末，教导处组织了以"期末复习例谈"为主题的震川论坛，因为学期行将结束，大家只能从复习的角度来谈，谈的都是术的层面的东西。当时我建议，"若真要真正全面提升学生的学业质量，恐要从道的层面来探索，下学期初始，我建议教导处可以引领大家在这方面进行思考"。

上周，各学科骨干教师已进行了有效探讨。今天，教导处的顾庆荣主任汇总后举办这次主题为"德为先，课为主，例谈提升教学质量的一般方法"的论坛，这便是在道的层面的一次探索与实践。

智育工作在学校教育德、智、体、美、劳五育中占有十分重要的位置，也是学校的核心工作。但智育绝不是孤立存在的，只抓智育而不管其他四育，是不可能抓好智育的，也是无法实施好智育的。

今天，顾主任谈得非常好，我觉得抓住了智育教育的"根本"。我认为，智育教育的根在思想，根是源头，学生学习的情感与态度是根；智育教育的本在课堂，本是关键，教师的教学与学生的学习是本。

顾主任说："德育为先：亲其师，信其道。"可以从规矩、活动、沟通、鼓励四个方面来实施，让孩子乃至家长，都能亲其师，信其道，为教学提供坚实的先决条件。

"课堂为主：教思维，教方法。"要从备课讲设计、上课教思维、练习强基能、反思促成长四个方面进行研究，着力提升课堂教学效益。只有双管齐下，才能有效抓好教学质量。

科学有效地提升智育水平，是我们的目标。

我们要遵循学生的学习规律，全方位地促进孩子快乐学习、健康成长！期待震川的五育都能找到适合学校发展实际的提升方法，也期待我们的"治校之道"早日形成！

三维并举,助力教师专业成长[1]

(2021年6月10日)

震川小学于2018年秋季建成并投入使用,现有3个年级、32个教学班、82位任课教师。师资来源有学校创办之初从其他学校调进的教师、高层次人才引进的教师及事业单位教育系统公开招聘的教师(在编教师),共计65人;此外,还有开发区组织招聘的年薪制及派遣制教师(代课教师),共计17人。任课教师中,研究生16人,本科生66人。苏州市及昆山市学科带头人10人,昆山市教学能手3人,昆山市教坛新秀4人。其中,30岁及以下教师62人,31~40岁教师11人,41岁以上教师9人。具体可参见(表3)。

表3 震川小学师资队伍情况一览表

单位:人

任课教师	人员性质		学历情况		骨干教师			年龄层次		
总人数	在编教师	代课教师	研究生	本科生	学科带头人	教学能手	教坛新秀	30岁及以下	31~40岁	41岁以上
82	65	17	16	66	10	3	4	62	11	9

通过表3可以看出,我校整体年轻教师居多,学历层次较高,但骨干教师人数偏少,缺乏具有影响力的教学名师,教师中初入型、模仿型、教学型教师多,科研型、专家型教师少;部分教师个人专业不突出,教育教学特色不鲜明。这就需要我们加大优秀教师、骨干教师的培养力度,促进教师自身的专业发展,努力打造一支课改理念新、师德素养高、教学业务精、科研能力强的优秀教师队伍。为此,我们从教师培养体系的构建、教师核心素养的优化、教师发展保障的提供等方面出发,三维并举,着力推进教师专业成长。

一、构建教师培养"三级"体系

着力构建"胜任型教师(教坛新秀、教学能手)—成熟型教师(学科带头人)—专家型教师(学科名师)"的名师培养"三级"体系(图1)。通过分步实施、分期举荐、分层培养,打造学校优秀的教师团队。

1. 胜任型教师(教坛新秀、教学能手)

对象:教龄4—9年的青年教师。

目标:能达成从新手阶段到胜任阶段教师的转变。

途径:师徒双向选择,自愿结对。师傅在师德修养、教育理论、课堂教学、教

---

[1]此文应"昆山市中小学校长论坛"而作。

育科研、学生管理等方面进行带教；学校提供机会，鼓励多参加学校、区级、市级层面的公开课、青年教师课堂教学大比武等交流活动。

构建"胜任型教师（教坛新秀、教学能手）—成熟型教师（学科带头人）—专家型教师（学科名师）"的名师培养体系，打造学校优秀的教师团队。

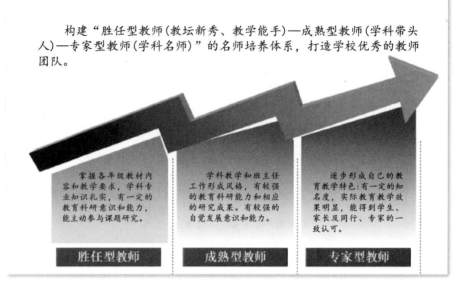

图1 构建名师培养"三级"体系

达成标志：掌握各年段教材内容和教学要求，学科专业知识扎实，能运用心理学、教育学等理论指导教育教学实践，实际教育教学效果好，有一定的教育科研意识和能力，能主动参与课题研究。

2. 成熟型教师（学科带头人）

对象：教龄10—20年的中青年教师。

目标：完成从胜任阶段教师到成熟阶段教师的转变。

途径：选择校内外富有教育教学经验的高级教师担任导师，校内外师徒双向选择，自愿结对。导师在理论学习、教育科研、学科教学、班级管理等方面进行指导；教师本人通过撰写论文、上公开课、举办教育教学讲座等形式，教学能力得到提高。

达成标志：学科教学和班主任工作形成风格，实绩显著，有较强的教育科研能力和相应的研究成果，能成为学校课题研究核心组成员；有较强的带教青年教师能力，被带教者成长迅速；有较强的自觉发展意识和能力，主动参加高一层次的学历进修，能为高一级职称评聘做好积极准备。

3. 专家型教师（学科名师）

对象：个人专业成长突出的优秀教师。

目标：完成从骨干教师到名师的转变。

途径：选择名师、教育教学专家担任导师，选派参加高一层次的学历进修，参与学校课程与教学改革，主持开展学校重点课题或个人课题研究，承担培养骨干教师的任务。

达成标志：逐步形成自己的教育教学特色；个人能完成一门自主拓展型课程校本教材的开发或一项教育教学课题的研究，并取得相应成果；在市级层面有一定的知名度，实际教育教学效果明显，能得到学生、家长及同行、专家的一致认可。

二、优化教师成长"三项"素养

优化教师的品格、知识、能力等核心素养（图2），为教师搭建学习、交流、展示和实践的成长平台，促进教师在思想境界、人文气质、专业素养等方面自主和可持续发展，切实提高教师队伍的整体水平。

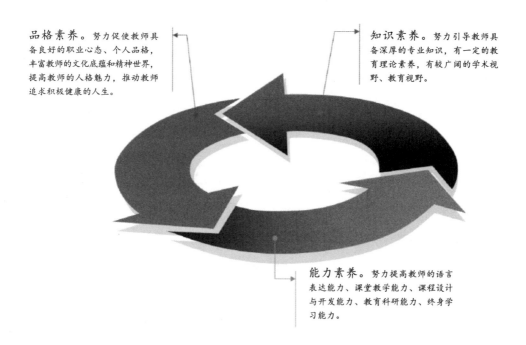

图2 优化教师成长"三项"素养

1. 品格素养

努力促使教师具备良好的职业心态、个人品格，丰富教师的文化底蕴和精神世界，提高教师的人格魅力，推动教师追求积极健康的人生。

震川小学是一所新兴的学校，每年都有大量新教师进入，其中有许多都是刚刚走上工作岗位的年轻教师。客观上，在教育管理、课堂教学、教育科研、教育技术运用等方面均存在不足。为此，每学年初，我们都会举行新教师培训及见面会，介绍学校的办学理念及目标，让他们感受到这是一所怎样的学校，增强与学校共发展的向心力。为帮助新教师尽快融入学校日常工作中来，通过个别交流、集体座谈等方式，对新教师培养存在的主要问题进行梳理，形成《震川小学新教师培养行动方案》，各科室结合本部门工作实际，从班级管理、教学常规、学校课题研究的参与乃至对智慧教育云平台的使用等方面，采取具体的解决措施，按月份周细化行动步骤，力争通过一个学期的锤炼，帮助他们尽快站稳讲台。

我们还举办"我的工作前5年"交流活动，请老教师回顾各自前5年的工作经历，通过亲身事例给予年轻教师正面示范。我们组织关于教育教学的"三问"（我们为什么要努力工作？我们的根本工作是什么？我们为学校发展做什么？）及"三好"（我心目中的好学校、我心目中的好教师、我心目中的好课堂）论坛交流活动。每年年末，我们都举行"我们的震川"成长分享会，畅谈一年来在教育教学、个人专业发展、学生培养等方面的心得体会，引导全体教师树立勤奋、协作、奉献、超越的职业心态，不忘初心，牢记使命，追求积极健康的人生。

2. 知识素养

努力引导教师具备深厚的专业知识，有一定的教育理论素养，有较广阔的学术视野、教育视野。

我们成立了"项脊轩"青年教师读书会，倡导每位教师都成为"书香教师"。每学期指定共读书目，如《优秀教师的自我修炼：给青年教师的成长建议》《教师如何快速成长》《清华附小的德育细节》《如何创设适宜的阅读环境与课程》等，定期开展阅读沙龙活动。通过阅读，明晰教师成长的必备要素，帮助更多教师突破成长瓶颈。我们倡导教师勤于动笔，记录教育教学点滴细节，并不断进行反思，形成案例，组织"什么样的课是一堂好课""怎样打磨一堂好课""在言语实践中让语文要素落地生根""期末复习例谈"等教学专题研讨活动，引导教师积淀专业知识，不断丰厚自身的教育理论素养。为了帮助青年教师尽快成长，我们除了开展好校内的"师徒结对"活动之外，还多方联系，分学科聘请校外专家成立"震川小学学科专家指导团"，定期邀请他们来校讲学、听课、评课，参加教学业务研讨，不断拓宽我校教师的学术视野和教育视野。

我们还筹建推出具有学校鲜明特色的教师刊物《杏花书屋》。《杏花书屋》以归震川先生的作品《杏花书屋记》命名，现已出刊两期。这是一本以思想、文化、艺术为主要内容的教师原创作品刊物，内容包括诗歌、小说、散文、书评、影评、艺术鉴赏、摄影、书法、绘画等。《杏花书屋》是震川小学校园文化建设的一部分。我们提倡"是学校，也是图书馆"理念，教师们通过阅读，在与古今先哲的对话中涵养人文气质，建构自己的精神世界；教师们通过写作，彰显自己的职业价值，让自己拥有一个更加丰富多彩的教育人生。

3. 能力素养

努力提高教师的语言表达能力、课堂教学能力、课程设计与开发能力、教育科研能力、终身学习能力。

我们创新教研组研讨模式，帮助新教师过好"上课关"，提出"打造自己的代表课"的口号，要求每学期每位教师至少打磨一节能够代表自己教学水平的代表课。对代表课要做到"五磨"：一磨教材解读；二磨教学设计；三磨课堂教学；四磨教学反思；五磨经验提升。充分发挥教研组的集体力量，并适当邀请教学专家介入，通过共同备课、一课多上、多次研讨、及时写作等方式来打造自己的精品课堂，共同探讨提高课堂教学质量的途径和方法。2020年，学校的"基于'震川文化'的无边界阅读支撑系统的构建研究"被立项为江苏省教育科学规划重点课题。我们以此为契机，积极引导教师走到教育科研这条幸福的道路上来，结合学校的文化建设，围绕学校主课题积极开展研讨交流活动，以阅读指导、案例编制、论文撰写等为抓手，将课题研究不断引向深入。与此同时，立足教学、从小题做起，做好教师微型课题的研究工作，落实教学与科研的有效融合，引导教师在实践中思考，在思考中实践，突出校本研修的针对性和实效性，使青年教师走上成长成才的"快车道"。

我们还以赛促研，加快青年教师业务能力与水平的提升。每学年的第一个学期，我们固定安排"青年教师专业基本大赛"，从"教育写作""粉笔字""经典诵读"等方面考查青年教师的教学基本功；每学年的第二个学期固定安排"青年教师课堂教学大比武"（以下简称"大比武"），大比武内容分为"课堂教学""教学札记"两部分，把实践与反思相结合。每次大赛结束后，会专门召开总结、表彰大会，请优秀教师再次进行交流展示，请老教师进行活动点评。在此基础上，推荐优秀青年教师进入名师工作室，选拔崭露头角的教师外出上课、参赛。在2020年昆山市"百节优秀课"教学评比中，学校参赛老师分获小学语文组、英语组一等奖，数学组、体育组三等奖；在2020年苏州市中小学教师专业素养竞赛中，学校有3位老师分获小学语文、数学、英语一等奖，4位老师分获语文、数学三等奖。

三、提供教师发展"三重"保障

充分发挥学校的集体领导功能，在组织、制度、管理等方面为教师发展提供外部保障（图3），加快促进学校校本研修的价值追寻与教师专业发展路径的形成和管理。

图3 提供教师发展"三重"保障

1. 组织保障

成立以校长为组长，由党、工、团及相关部门负责人参加的"学校教师发展工作领导小组"，负责教师专业成长的规划、实施、管理、考评等工作。为教师的专业成长提供必要的物质条件和良好环境，保障教师培训、科研、课程改革及基础建设等各项工作的顺利开展。

2. 制度保障

完善原有促进教师专业发展的各项制度，制定相关的评估考核细则，及时记录和分析教师专业成长过程的现象和事件，做出结论性的评价。健全激励机制，将教师的专业发展情况与考绩、晋升、评优、评先等挂钩，拨出一定的经费，奖励在专业成长过程中的优秀者，促进校本研修工作的深入开展。

3. 管理保障

定期对教师专业发展提供咨询和指导。建立教师专业成长档案，内容包括教师个人专业发展规划、总结，参加校本研修的情况记录，读书笔记，教学随笔，精品教案，案例反思，个人课题研究情况，发表或获奖的论文，等等；做好教师成长过程中的资料积累。

什么样的课是一堂好课？[1]

（2021年6月16日）

最近几日，震川小学第三届教学大比武活动开展得如火如荼。

教学大比武和基本功大赛是为震川小学青年教师打造的两项传统赛事，学校开办三年来，已举办了三届。每一届比赛都涌现出了一批优秀的青年教师，他们在学校的舞台上发光发热，继而在全市的舞台上崭露头角。

随着教学大比武的持续推进，每一位青年教师都应该思考一个问题，那就是：究竟什么样的课是一堂好课？

今天的震川论坛，教导处确定了这个主题，真是十分应景，又十分有意义。5位老师都谈得非常好。叶樱老师说，艺术课不单单是教画一幅画、唱一首歌，更重要的是让孩子们在这个过程中获得情感的升华，达到美育的目标。郭陆方圆老师从建构写作支架的角度，探讨了打破高年级英语课沉闷的方式，从而追求一堂好课。徐少骏老师从数学课的特征出发，认为好的数学课要时时处处渗透数学学科的核心素养。俞虹老师则根据语文课的特点，从艺术的导入，字、词、句的积累与运用，课堂亮点的创造和语感的培养等方面，对心目中的好课做了阐述。王毅豪老师以语文为例，但跳出了语文，讲到好课应当"大舍大得""亲其师，信其道""授人以渔且授己以渔"，谈了自己对一堂好课的认识。

其实，对好课标准的讨论真是见仁见智的事情。那么，为什么我们还要讨论呢？

第一，认识是第一位的。

我始终认为，思想决定行为。正确地认识好课的标准，这对于我们上出一堂好课十分重要。心中有标准，实践中才会有目标，好课才有可能诞生！否则，对好课没有自己的认识，那么我们的课最多也只能人云亦云，依样画葫芦，而不会具有真正的特色！

第二，好课是探索出来的。

课堂是我们产生好课的土壤，只有认识，不去探索和实践，等于零。我们只有不断地把我们的教学理念转化为教学行为，好课才有可能产生。当然，这个过程是一个曲折的过程，有时候成功可能会来得很快，有时候可能会一波三折，但这并不影响我们对好课的追求与向往！

第三，好课标准是不断提升的。

好课有其基本的特征，比如以生为本，合作探究，关注学生学科素养的培养，关

---

[1]震川论坛主题为"什么样的课是一堂好课？"，这是"三好"标准讨论的第三论。

注学生情感与价值观的培养，等等。但20年前，好课的标准不是这样的。那时在课堂上更倾向于落实双基，关注教学环节是否相扣，学生课堂表现是否良好。所以，好课标准不是一成不变的，这背后折射出的是教育理念的差异，体现的是国家对于未来人才培养标准的变化。因此，我们也必须不断学习、不断进步，千万不要以为曾经上出过一堂好课，以后的课都可以依葫芦画瓢。僵化不变，终将会被淘汰。

这学期过得好快，还剩一周学生就要期末考试了，希望大家科学、合理、有效地组织好期末复习，把好课落实到每一节课中，让孩子们在期末有好的收获！

谢谢大家，各位辛苦了！

把图书馆"搬"回家

（2021年6月18日）

一所图书馆式的学校，师生的阅读是十分重要的。

前几天，震川藏书楼发布了本学期教职工图书借阅排行榜。榜单中有很多亮点，有的教师借阅量达100多本，这是十分不易的。但细观之，都是家有学子正值启蒙阶段的，估计至少有一半以上的书籍是给孩子借的。这是一件非常好的事，我们不仅自己读，还带动了孩子的阅读、家庭的阅读，真是一举多得的好事！大多数教师的借阅量在20本左右，这个借阅量应该是相当可以的。如果每周都能精读一本好书，长年累月，我们的思想、言谈、举止都会发生积极的变化。这就是书籍的力量、文化的力量！

值得一提的是，我们不仅教师读，教辅人员的阅读群体和阅读量也很大，多者近50本。学校招聘的新教师，跟岗期间也进行了借阅。还有第三方物业人员，也加入了阅读的大军，有个别人员也有10余本的借阅量。那天，一个保洁阿姨问我："校长，我们可以去藏书楼借书吗？"我一愣，随即笑着说："当然可以，你们的门禁卡应该也可以借的吧？"

我小时候，课外书是极其稀罕之物。

我至今仍记得我小学阶段接触过的屈指可数的几本读物。连环画（又叫小人书）是我们那时流行的读本，一套有十几本，小伙伴们传着翻看，并交流着其中的故事，文学的启蒙便在其中。其实那也算不上是真正的书籍。后来，堂姐读师范的时候，送了我一本《数学家的故事》，我便沉迷其中，知道了高斯，迷上了一笔画，还接触了裴波那契数列……这本书开启了我的数学之旅。记得后来上初中，和同学骑了2小时的自行车，从镇上到昆山市里，一头扎进新华书店，买回了一本奥数书。那时没有钱，也没有书，但凡拥有一本自己的书，便会从目录翻到封底，一个字都不会漏掉。

到了师范，我方知书的世界是那么浩瀚！江苏省新苏师范学校有一座二层小楼，那是我们的图书馆，我便成了图书馆的常客。晚自习，我们经常会去阅览室，看书、看杂志。图书馆借来的书，便在课间、午后阅读。读《围城》，喜欢上了钱锺书；读《文化苦旅》，认识了余秋雨；看《雷雨》，了解了曹禺；看《沉沦》，知道了郁达夫……我最喜欢现当代文学，我们的老师口若悬河、侃侃而谈，从李叔同讲到丰子恺，从沈从文讲到胡适，于是放学后跑遍苏州的各个书店，一泡就是半天，实在遇到喜欢的书，便偶尔会买上一本。

工作后，读书的时间仿佛变少了，但也从不间断看书。现在，到了震川小学，能把看书与办学结合起来，真是一件十分有意义的事。"是学校，也是图书馆"绝不能仅仅停留在口号上，幸运的是，震川小学迎来了一大批喜欢读书的老师，这些喜欢读书的老师正带领着孩子们走进书的世界！

2020年寒假，我们尝试着让孩子借一些书回家看，效果很好。上周办公会上，我提议2021年暑假继续让孩子们借书回家，每人10～20本。"藏书楼要借出近30000册书，藏书楼要空了！"一个声音说。"书与其放在藏书楼，不如让孩子们带回家。"另一个声音说。我说："对！书放在藏书楼里也是积灰尘，与其被放坏不如被孩子们翻坏！"

就这样，把图书馆"搬"回家的计划就决定了！

这几天，藏书楼里很是忙碌。孩子们穿梭于书架之间，翻看着自己喜欢的书籍，脸上绽放着笑容。才两天的工夫，藏书楼就呈现出了半空的状态。

望着空空的藏书楼，我十分欣慰，想来孩子们的暑假必不会如我小时候那般无聊无趣。愿这一个暑假，有一个作家，有一本书，能打开孩子们探索世界的大门，成为孩子们未来之路的启蒙，这便是我们所想的，这便是我们推行把图书馆"搬"回家的初心！

愿孩子们的暑假充满书香，愿孩子们的人生充满书香！

期末考试

（2021年6月23日）

今天是期末考试的日子，早上打开朋友圈，满眼都是期待孩子考出优异成绩的帖子。

家长似乎比孩子更加重视期末考试，有希望孩子"考神附体"的，有希望孩子"考的都会，蒙的全对"的，有给孩子穿上红色衬衣讨口彩的，也有给孩子早餐准备包子，希望其考试"包对"的……各种美好期待不一而足。

我们的老师也很重视，考前还不忘给孩子们讲上两题，并叮嘱两句。

相比而言，孩子们则淡定多了。早上到校，他们照例背着书包开心得又蹦又跳，遇到好朋友也不忘讲一下昨晚发生的趣事，仿佛根本没有考试这回事。不过真正考试来临，孩子们还是很专注的，一张张严肃的小脸、一个个工整的字，都在书写着自己的成绩……

今天的午餐依旧是两大荤：红烧肉和三鲜虾仁。开甫廊里碰到几个孩子，我开口问道："饭菜好吃吗？"孩子们高兴地答道："好吃！"我继续问："上午考得怎么样？""非常好，都做出来了！"孩子们回复道。他们永远是那么自信、快乐！

其实对于期末考试孩子们的状态，我们是要点赞的。作为家长，大家也要辩证、科学地看待成绩。

第一，要理智地看待成绩。分数本身只是一个数字，不能代表任何问题，而且还和试卷难易程度密切相关。所以，我们既要看孩子的分数，也要看班级的平均分，不仅要和平均分比，还要和孩子的过去比。这样可以更科学地掌握孩子在学习上的变化及孩子这阶段学习的情况。

第二，要做好分析和评价。拿到成绩，家长最该做的就是帮孩子进行试卷分析，弄清其失分的原因，采取措施，加以补救，这样才能让其在以后的学习中不留遗憾。此外，家长还要梳理出哪些知识点孩子掌握了，哪些还不熟练，哪些是非常生疏的，然后让其进行有针对性、有计划的补课。

第三，要与孩子一起总结学习方法。分数不管好坏，考完了也就成了历史，不要过多地在分数上纠结，而要鼓励孩子端正学习态度，制订暑期学习计划，要让孩子学会劳逸结合，在学习之余适当休息与锻炼，保持充沛的体力。

希望我们的家长，对待考试不必如临大敌，也不要重视过了头。考得好的，不必骄傲；考得不理想的，也不必气馁。成绩，只不过是对孩子这一阶段努力的一个评价。孩子们的学习之路才刚开始，以后将经历无数次考试，不能让孩子们失去对学习的兴趣，关键在于我们的老师和家长要给予孩子们正确的引导。我们自己不能压力过大，因为成年人的压力最终将传导到孩子们的身上！我希望，每次考试我们都能看到孩子们纯真的笑脸！

　　下午放学，我站在校门口与孩子们道别。孩子们个个兴高采烈，快乐的暑假马上就要开始了！看着他们的身影，回想着他们2020年9月刚踏入校园时的情景，心中不禁感慨万千。待到9月开学，他们重新踏入震川小学，就要升一个年级了。

　　时光，就在这一年又一年中过去；孩子们，就在这一年又一年中长大！

云程发轫，追光前行 [1]

（2021年6月30日）

老师们：

2021年是学校办学的第三年，也是学校"三年规划"的收官之年。一学年来，我们着力加快校园文化建设、着力加强教师队伍建设、着力提升学生综合素养，紧紧围绕把学校办成一所"具有震川精神浸润的高品质的基础教育学校"这一总目标，扎实推进学校的各项工作，努力开创学校教育工作新局面。在全体教职员工的共同努力之下，圆满完成了各项既定工作。

下面我结合各条线工作开展情况，对本学年工作进行总结。

一、党建工作

学校党支部成立于2019年9月，2020年学校将"追光文化"和"震川精神"相结合，确立"项脊之光"党建品牌，同时建成了"项脊之光"党群服务点，为学校党群活动提供了阵地，为凝聚党员力量、提升服务能力注入了新的能量。

1. 进一步提高党员基本素质

2021年是中国共产党建党100周年，党支部坚持抓好党员政治理论学习不放松，扎实开展"三会一课"，开展党史学习活动，确保学习常态化、制度化，按照实施方案的要求，规定动作不能少，创新动作有发展，确保理论学习见成效。

2. 进一步加强党风廉政建设

贯彻执行党风廉政建设的有关规定，认真落实"四知四守"促勤廉专题教育活动的要求，层层开展勤廉专题教育活动及警示教育会，开展重点岗位勤廉风险自查和勤廉谈话，做到防范在前，关口前移，引导学校管理人员及党员干部筑牢拒腐防变思想防线。

3. 进一步加强师德师风建设

组织全体教职员工学习《教师师德失范行为处理实施细则》《新时代中小学教师职业行为十项准则》《昆山市中小学（幼儿园）教师职业行为负面清单及处理办法》等师德师风行为准则。切实提高学校教师的师德师风水平。

二、德育工作

学校的育人目标核心词为"心正情真"。"心正情真"品格培养意在将品格培养落实到儿童的日常学习、生活中。将品格培养与学校文化相融合，以"明理、求真、力行、至善"为总纲，构建儿童"心正情真"的优秀品格。德育处以此为重点

---

[1] 此文是笔者在2020—2021学年结束工作会议上所做的工作报告，报告标题为《云程发轫，全面完成三年发展规划任务；追光前行，着力促进学校优质品牌提升》。

开展工作，努力培养"心正情真"的震川学子。

1. 落实常规教育

以《震川小学学生一日常规》为抓手，以昆山市中小学生"五个好"行为规范为重点，加强学生常规训练。用好晓黑板APP的考核功能，对教室卫生、光盘行动、文明礼仪、眼保健操进行检查。每个星期都会根据晓黑板APP考核情况评出获得"流动红旗"的班级。本学期德育处举办了"五个好"行为规范教育交流会，通过班主任老师的经验分享，促进班主任之间相互学习管理班级、教育学生的有效方法。

2. 强化特色工作

在2021年6月，德育处成功申报了苏州市中小学生品格提升项目，项目题目为"心正情真：追光文化视域下儿童生活指导校本实践"。通过自编的特色教材《生活指导用书》，有系统、有计划地着力培养学生自我管理和生活实践能力，建立起学校和家庭的长期合作关系。通过3年的研究、教学、实践，班主任对生活指导课的开展有了一定的经验，震川小学子们也掌握了一定的生活自理技能。德育处在第一学期举办了"生活自理"比赛，通过比赛的形式促进学生对生活技能的学习和运用。第二学期，在五一劳动节开展了学生劳动打卡活动，表彰了"劳动之星"，让学生在服务家庭中获得幸福感和成就感，从而体验劳动最光荣。

3. 丰富德育活动

德育处举行了大型的育人活动，第一学期举办了一年级入学仪式，第二学期举办了三年级成长礼。入学礼和成长礼在学生的生命中具有极其特殊的意义。入学礼以录播与直播相结合的形式进行，给了学生、家长一个美好而难忘的回忆。成长礼活动在学校体育馆内举行，盛大而隆重，意义非凡。小型的德育活动每个星期都有开展，比如在震川园开放后举行了春耕节活动，在每周五的中午安排了各班乐器特长生表演活动，还有垃圾分类活动、光盘教育活动、小导游实践活动、爱鸟护鸟科普活动、开甫廊书柜评比、爱国诗歌诵评比等。

三、教学工作

认真贯彻落实开学初市教研室相关工作会议精神，以提高教师整体素质为抓手，以提高课堂教学效率为重点，深入教学一线，为教师、学生服务，以务实的工作作风，加强教学研究，全面提高教学质量。一学年来取得了较好的成绩。

1. 促进教师业务提升

第一学期，语文组作为试点打破常规的教研活动模式，开展"大组教研活动"。

教导处根据青年教师工作的年限及所任课的年级，分小组进行集体磨课活动，要求每位教师认真经历集体磨课、试上的全过程，再通过抽签的方式，进行大组展示。展示结束，再要求组内老师对课堂进行总结，完成质量较高的教学实录的制作。第二学期，在大组教研的基础上，学校每门学科都聘请了学科组导师。这种导师引领、人人参与的教研活动模式为青年教师成长提供了实实在在的帮助。

本学年开展了许多教学教研活动：基本功大赛、青年教师大比武、教研组的大组教研活动、校级公开课等。一学年来，我们共开设了校级研讨课百余节，许多青年教师在正式展示前，还会多次试上，力求把最好的课堂带给大家。其他老师也能积极参加听课、评课活动。课后，参与活动的老师畅所欲言，发表见解，交流困惑，提出建议，实实在在地研究课堂教学中经常面临的问题，提高了教师学科教研的能力。

2. 规范教学常规管理

（1）抓备课。我们要求教师依据课程标准，创造性地使用教材，恰当地选择教学方式和方法，有效地提高课堂教学效率。教导处就"教六认真"检查情况进行梳理和总结，每学期完成一份上万字的"教六认真检查简报"。对教师的"教六认真"工作给出指导性建议。

（2）抓上课。我们实行随堂听课制度，随堂听课后，进行反馈交流，引导教师上好每一节课，不断提高自身教育教学能力与水平，提高课堂教学质量。

（3）抓作业。各学科制定了统一的作业布置及批改要求。教师们能严格要求，针对学生作业中出现的问题，认真处理，及时辅导。为培养学生认真写作业的习惯，我们还在每个班评选出完成作业优秀的学生并对其进行表彰，起到了良好的促进作用。

（4）抓反思。我们要求教师每节课后及时进行反思，并对反思做出具体要求，以达到提高自身教学水平的目的。在教后反思的基础上，许多教师将反思整理成教育教学随笔或教学论文。不少青年教师的论文发表于各级各类杂志。

3. 狠抓教育教学质量

教导处制定具体的措施方法，开展了一系列教学活动。一方面，从思想上明确了教学质量的重要性。组织了多次有针对性的主题沙龙研讨活动，教研组、备课组就教学中遇到的某些教学难点的突破展开了学习讨论，激发教师参与教研的主体意识和创造热情，鼓励教师合作、交流、共享教研成果。在全校的教师例会上就"如何提高教学质量""如何指导学生进行阅读""如何抓学生作业的质量"等进行主题讨论。这些活动的开展，一方面，在一定程度上提高了教师们的理论水平和实践能力。另一方面，从方式方法上给予了青年教师指导和帮助。本学年共开展了多次关于教学质量的主题研讨活动。学期中，进行阶段性测试，测试后整理出各班各学科关乎教学质量的数据、指标。不仅校内班级与班级、学科与学科之间进行比较，并且关注兄弟学校的各项指标，努力做到让老师们心中有底。学年末组织三年级全体语、数、英任课老师就期末测试进行专项会议，总结得失，指导下学期工作。

四、社团工作

学校继续推进素质教育实施，始终坚持面向"全体学生""全面发展"的"两全"理念，全面推进社团建设，丰富学生的校园生活，促进学生多元成长，充分展现震川学子朝气蓬勃、奋发向上的精神风貌。

1. 社团活动全面覆盖

学校自社团活动开展以来，面向全体学生开设了智育类、体育类、艺术类、科技类等各类社团活动，形成校级、年级、班级三级社团架构，社团活动做到全员覆盖，学生参与率达100%。新冠疫情暴发以后，学校根据上级要求暂停了社团活动，随着疫情的逐渐稳定，学校又慢慢恢复了社团活动，目前各类社团活动有序开展。

2. 社团活动精彩展现

学校自社团活动开展以来，学生的综合素质不断提高，涌现出了一批优秀的小学员，为学校各类活动增光添彩。乐器社团、舞蹈社团在学校"追光文化"发布仪式、归有光纪念馆开馆仪式、少先队入队仪式、一年级入学礼、三年级成长礼等活动中参与表演，体育类社团在运动会开幕式等活动中也展现出了各自的英姿。

3. 社团活动初见成果

学校各类社团活动渐上轨道，在近阶段的一些竞赛中也取得了一定的成绩，初露头角。本年度，校合唱队首次参加昆山市中小学艺术节合唱比赛，获小学组二等奖；校舞蹈社团、朗诵社团共同排练的节目《我们都是后来人》获江苏省2021年度"我心向党"中华经典诵读大赛特等奖；在江苏省俊龙模型邀请赛、江苏省"金钥匙"竞赛（昆山赛区）决赛等赛事中，学校也有多名学生荣获奖项。

五、教科工作

以"教育科研服务于课堂教学，服务于学校发展"为理念，积极开展工作。以"十三五"省级立项重点自筹课题"基于'震川文化'的无边界阅读支撑系统的构建研究"为抓手，加强教研、科研的整合，促进课堂教学内容、方式的优化，促进不同层面教师专业的成长。

1. 深化学校课题研究

扎实推进学校主课题"基于'震川文化'的无边界阅读支撑系统构建的研究"研究工作，重点做好学生推荐必读书目（一至三年级）的导读及评价等工作，出台具体样式，撰写导读稿。在班级内组织共读，并统一上好必读书阅读指导课，形成精品课案，并将编辑成册。同时，做好《归有光诗文选读》的编写工作，对所选70篇诗文，进一步进行相关注释、诵读指导等研究。初步开归有光课程设计，已完成低年段归有光课程设计，并在活动中正式展示。通过课程引导低年级学生走近归有光、了解归有光。后期我们还将在中高年级就归有光诗文诵读、归有光作品赏析等开发相关课程，做好课题研究在课堂教学中的落实工作。

2. 推进书香校园建设

深入践行"是学校，也是图书馆"的办学理念，4月23日至30日，成功举办"追光震川，书香童年"首届校园读书节。活动期间，开展了读书节启动仪式、儿童作家进校园、归有光诗文硬笔书法展、读写绘作品展示、手制书（绘本制作）评比、青年教师读书笔记评比、阅读指导课展示、图书跳蚤市场、图书人物模仿秀、师生共读朗诵会等，评选了首届读书节"书香班级""书香学生""书香教师""书香家庭"。通过读书节活动，引导每一位学生都亲近书本，学会读书，不断提升师生自我阅读品味，为精神打底，为终身学习发展奠基，推进了学校"三横三纵"书香校园建设，彰显了我校的办学特色。

3. 加强校本研修工作

为帮助新教师尽快融入学校日常工作，本学年初，通过个别交流、集体座谈等方式，学校对新教师培养主要存在的问题进行梳理，形成了《震川小学新教师培养行动方案》。举办"我的工作前5年"交流活动，请老教师回顾各自前5年的工作经历，通过亲身事例给予年轻老师正面示范。组织关于教育教学的"三问"（我们为什么要努力工作？我们的根本工作是什么？我们为学校发展做什么？）及"三好"（我心目中的好学校、我心目中的好教师、我心目中的好课堂）论坛交流活动。成立"项脊轩"青年教师读书会，倡导每位教师都成为"书香教师"，指定共读书目，定期开展阅读沙龙活动。通过阅读，明晰教师成长的必备要素，帮助更多教师突破成长瓶颈。继续开展"青年教师专业基本大赛""青年教师课堂教学大比武"两项固定赛事，以赛促研，以赛促修，突出校本研修的针对性和实效性，使青年教师走上成长成才的"快车道"。

六、安全工作

本学年开始，国内疫情总体好转，学校在保持疫情防控不放松的同时，继续抓好常规安全工作，认真落实校园人员进出防控工作和安全常规管理，把各项工作落到实处。

1. 规范常规安全工作

认真开展日检、周检、月检，力求及时发现安全隐患，及时排除隐患，把安全工作落到实处。认真开展每月一次的各类安全演练，提高师生的安全意识和避险自救能力。本学年上级多部门领导先后来学校检查安全工作，总体工作均获得上级领导好评。2020年12月，学校顺利通过"昆山市依法治校先进性"验收，标志着学校安全工作达到较高水准。昆山市教育局组织的秋季、春季两次校园安全专项督导检查，均对学校安全工作给予了较高评价。

2. 强化卫生管理工作

建立、健全并落实学校传染病疫情报告制度、学生晨午检制度、室内外环境保洁消杀制度等各项工作责任制度，确保学校卫生工作的顺利开展。按要求积极开展学生体检工作，对学生进行视力、身高、体重等项目的监测，并进行分析评价，发现问题及时干预，保证学生健康成长。家委会发动家长购买并安装了视力保护架，在一定程度上端正了学生的坐姿，控制了学生用眼的距离。学校创新编排了"眼球操"，让学生每节课下课前，眼球都得以放松和调节，缓解眼部疲劳。

3. 开展健康教育活动

围绕学校常见病、多发病和季节性呼吸道传染病防治等主题，通过班级晨会、专题讲座、展板展示、显示屏播放等形式，积极开展宣传教育活动，让学生在活动中获得身心的全面发展。定期通过班级家长群、微信公众号等平台宣传和普及卫生常识，促进学生养成良好的卫生行为习惯，重视视力保护，保障睡眠时间，促进学生生长发育，增强学生体质。

七、教技工作

加大投入力度，逐步提高常规管理水平，积极对教师进行信息技术培训，努力提高现有技术装备的使用效益。积极开展信息技术与学科课程的整合研究，大力推进学校教育信息化建设，使学校的信息技术再上一个新台阶，充分发挥本科室职能作用，保证学校正常的教育教学秩序开展。

1. 组织学习培训

本学年，学校开展多项线上、线下的技术培训，培训中，老师们认真记录、积极思考，取得了不错的反响。老师们学以致用，学为所用，在各级各类比赛中崭露头角。组织了30位教师参加2020年（秋季）苏州市中小学信息技术应用能力提升工程学习，其中28人的学习得分在90分以上，100%通过培训。组织26位老师参加2021年（春季）苏州市中小学信息技术应用能力提升工程学习，其中24人学习得分在90分以上，100%通过培训。培训和学习中，老师们学习了现代教育技术和信息化理论，更新了观念，提高了理论素养和信息化意识。

2. 加强日常管理

加强对专用教室的日常管理。安排各专用教室责任人，对专用教室的日常卫生、安全、管理等方面提出要求，并加强对专用教室的监督。出台了《关于专用教室的日常管理和申请使用办法》，进一步规范各专用教室的管理，做到专人负责、专人管理、责任到人，加强管理。本学年，在多方的努力下，规划新增校园电视台、计算机教室、未来教室、多媒体教室、音乐教室、美术教室、科学教室等一大批专用教室。下半学期，重点打造科学教室、音乐教室、美术教室、书法教室4间教室，这4间教室将在暑期陆续开工建设。

3. 做好维护工作

本学期，在平时的教育教学工作中，能及时处理智慧教育云平台中老师遇到的问题，做好学校网站的更新工作及微信公众号的推送工作。一学年来，更新学校网站新闻100多条，网站各子栏目日趋完善；推送各类微信图文共计288篇，学校微信公众号正越来越受到师生、家长、社会各界的关注。本学年，在苏州市智慧校园发展水平星级评估申报及评审中，学校成功创建"三星级"智慧校园，并以此为基础，成功创建了江苏省智慧校园，接下来，将努力创建苏州市人工智能教育实验学校。

八、总务工作

一学年来，总务处依照期初制定的目标，以服务第一、服务育人为宗旨，不断强化职责意识，改善工作作风，提高工作潜力，努力开拓；勤奋工作，为学校教育教学工作顺利开展贡献力量。

1. 提升后勤服务效能

规范程序，认真履行区政府采购招投标工作，做好课桌椅、办公座椅、空调机组、体育器材、智慧黑板、计算机、图书、专用教室氛围布置等采购。完成震川园的改造、北校门的改建及教室和走廊防护栏的安装等项目工程。做好新建电脑房、直饮水机、空调等线路的改造工作。及时、主动落实学校重大教育教学活动的后勤保障工作，为活动的成功举办提供帮助。对学校的工程建设、设备维修，有计划、有组织地进行，做到不重复建设、不浪费投资。做好资金结算，对期末学校各种资金发放做好表格的编制与审核。逐步对学校资产进行再次清理登记，对固定资产的价值、存放地点做具体的记录，保证学校固定资产的准确性。

2. 完善食堂治理制度

本学年，完善食物中毒上报流程图(上墙)和食物中毒防治预案，从制度上保障学校食堂的安全和规范。定时定期对食堂工作人员进行法律法规、工作规范的培训。专设食品卫生监督员、仓库保管员及专职采购员，并严格控制各种主料，从而从根本上杜绝了食品安全隐患。食品卫生工作中紧紧围绕"三防"(防中毒、防投毒、防病毒)，采购工作中严把"五关"，即严格进货渠道关、物品进库验收关、操作程序规范关、饮食卫生安全关、食品存放储存关。在验收中对不合格的食品进行坚决的抵制和退货，不收不进质量不合格的食品。同时让全体工作人员参与，全员监督，责任到人，检查到位，记载翔实。确保进货质量，把一切不安全因素都堵在校园外。

3. 做好垃圾分类工作

本学年，垃圾分类工作持续推进，我们号召全校师生积极参与到垃圾分类工作中，树立绿色低碳、环保健康的生活理念。通过小手牵大手，辐射家庭和社区，营造全社会都来关心生活垃圾分类的工作，践行生活垃圾分类的良好氛围。为此，学校建立了垃圾分类工作领导小组，学校党支部、教导处、德育处、工会、团支部、少先队等各部门形成合力，全体师生都积极参与。重点做好垃圾分类设施设备布点和保障工作，逐步纳入常规管理，制定严格的垃圾分类制度及实施细则，全面推进垃圾分类教育宣传活动，努力提升知晓率和践行率。

九、工会及人事工作

努力增强全体教职工的民主管理意识，推进其在构建和谐校园中发挥积极作用。以学校工作大局为重，依照工会章程依法依规维护好教职工的合法权益。关心教职工生活，积极开展各种有益活动，增强凝聚力。同时，认真细致地做好相关人事管理工作。

1. 关心教职工生活

每学年初，能及时做好新入会人员的各项信息的收集和统计，并及时上报昆山市教育工会。每年安排教职工体检，对生病教职工及时给予慰问。本学期起，工会确定了每周二下午为教职工业余活动时间，利用学校的自有设施及场所，开展了形式多样的活动，如羽毛球、乒乓球、韵律操、震川园种菜、菊窗轩的棋牌等，让老师们在紧张的工作之余得到了放松，锻炼了身体，愉悦了身心，也增进了同事之间的情感交流。学校工会还积极响应昆山市教育工会的倡议，积极参加各项活动，在开发区工会进行的气排球比赛中，在"开启新征程 扬帆再出发"庆祝中国共产党建党100周年教职工书法比赛中，均取得了较好成绩。

2. 增强主人翁意识

2021年伊始，学校工会发动全体教职工参与"我为学校发展献一计"的倡议活动，共收集到46条献计献策和建议，学校领导高度重视各项提议，特地为此召开了2次专题会议，逐条进行讨论，并专门召开会议对这些建议一一作答。通过此次活动，提升了全体教职工的民主管理的能力，提高了学校的凝聚力。同时做好办公室卫生督查工作，本学年有计划地组织安排办公室卫生检查，对优秀办公室给予奖励，办公室的卫生得到很大的改善，增强了全体教师的主人翁意识。

3. 做好教师录用、招聘、职称评聘等工作

本学年，学校共录用了在编教师16人、派遣制人员13人。人事处能认真、及时做好这些人员的录用、调动等审批手续，及时完善这些人员在江苏省教职工平台、江苏省编制系统、工资系统等各个系统中的信息录入和更新。2021年分别在昆山市高层次人才招聘和昆山市教育系统公开招聘中共招聘新教师15人，并完成政审和查档工作。根据政策认真做好全校教职工员工的职称工资、见习期工资定级，以及公积金、房贴、一年一薪和五年一岗等工资的调整。做好教师职称的评聘工作和教师资格的认定工作，完成"一二三工程"人员的考核工作。做好教师的各项考核工作。

各位老师，震川小学开办至今已有三年时光。这三年，我们紧紧围绕把学校办成一所"具有震川精神浸润的高品质的基础教育学校"这一总目标，坚定实施"三年规划"，全面完成了规划目标。

第一年，定位发展。我们完成了学校发展的顶层设计，制定了学校的规章制度，确立了"追光文化"，确立了校训和三风，确立了学校特色，确立了学校发展的总体思路，确立了"是学校，也是图书馆"的办学理念，全面完成"十项工作"，为学校发展奠定了坚实的认识基础和物质基础。

第二年，全面启动。我们基本完成了校园文化建设，震川六景初步呈现，"项脊之光"党群服务点建设完成。我们确立了将教师发展作为"一号工程"加以推进，教师成长全面加速，教师在各类比赛中频频获奖。我们明确了学生的培养目标，确立了"两全"理念，广泛开展"一动一静"特色活动。"基于'震川文化'的无边界阅读支撑系统的构建研究"被确立为"十三五"省级立项重点自筹课题，为学校师生发展提供了广阔舞台。

第三年，初具雏形。我们成功举办了"追光震川"校园文化发布仪式，成功举

办了归有光纪念馆开馆仪式，提升了学校的办学品质和社会知名度。我们开展入学礼、入队礼、成长礼、读书节、春耕节等活动，全面提升学生素养。我们开展工作"三问"和"三好"标准大讨论，开展课堂教学大赛和基本功比赛，组建专家导师团，全力提升教师水平。

三年来，在全体震川人的共同努力下，震川小学的第一个三年规划已一步步成为现实，"具有震川精神浸润的高品质的基础教育学校"的框架已初步搭建完成，高品质的震川小学初现雏形。如今，震川小学办学特色鲜明，在社会上已有了良好的办学声誉，各条线工作有序且高效，教师成长发展速度较快、层次较高，学生的学识与品行都普遍有较大提升，震川精神已逐渐融入校园、融入师生的日常、融入学生家庭。

现在，震川小学已形成了独特鲜明的办学之路：以"项脊之光"党建品牌和"追光震川"校园文化为引领，以"震川五育"为主体，坚持"两全"理念，德、智、体、美、劳五育并举，打造具有震川特色的高质量的五育；同时坚持"是学校，也是图书馆"的办学理念，坚定推进无边界阅读的办学特色。全力推进学校发展，全力促进师生成长！

2021年暑假，我们还将一起讨论研究震川小学第二个三年规划。卿胜局长曾要求我们朝着"特色名校"的目标去发展。我想，我们未来的发展总目标可以调整为：把震川小学办成一所"具有震川精神浸润的高品质的基础教育特色名校"。我们在第二个三年，乃至今后一段时期内，要紧紧围绕总目标，不断深化内涵发展，紧紧抓住"教师发展"和"学生成长"两条主线，办理想的学校，办人民满意的教育。

三年前，当我们踏入震川小学，望着崭新的如白纸的学校，心中既有期待，又有忐忑。令人期待的是，我们的教育理想能在这里实现；令人忐忑的是，我们是不是能把学校办好？幸运的是，震川小学吸引了一大批有志之士，在座各位的加盟给震川小学的发展带来了无限生机与希望。三年里，我们同甘共苦、无私奉献，学校发展蓝图得以慢慢实现，心中甚觉欣慰。

我觉得人生最大的乐趣，莫过于能与志同道合者一起追逐梦想！

云程发轫，万里可期。震川小学的发展才刚起步，我们都是学校的先期奠基者，让我们一起追光前行，努力奋斗，将我们的个人理想与学校发展紧密结合起来，为孩子的健康成长贡献我们微薄的力量，以优异的成绩向中国共产党建党100周年献礼！

谢谢大家！

7月

我在震川的这三年[1]

（2021年7月9日）

2018年7月，根据组织安排，我由昆山国际学校调入震川小学主持工作，同时兼任国际学校党支部书记。当时心情十分复杂。我离开了工作整整20年的国际学校，很是不舍，有对国际学校师生的不舍，也有对自己青春的不舍；也有不适应，那是从九年一贯制的民办学校到只有一年级的公办小学的不适应，从3000多名师生的大学校到只有600多人小学校的不适应；同时我又满怀憧憬，是对震川小学未来的憧憬，对再干一番事业的憧憬！

7月12日，我第一次踏进震川小学，当时学校尚在建设之中。这样的一所学校，该怎么建设？怎么发展？当时我心中很没底。我们的第一次校长办公会议是借国际学校的会议室召开的。会上，我们讨论了确保顺利开学的相关措施，也进行了学校发展的初步讨论。

对于学校办学，我认为一定要抓住根本，抓住核心的东西。在学校里，最核心的是人，即教师和学生！学生健康成长是办学最根本的目标，但是学生的健康成长依赖于教师的用心教育！所以，有什么样的教师群体，就会培养出什么样的学生群体，也就能办成什么样的学校！

好在，震川小学拥有十分优秀的师资队伍，这给了我们办一所好学校十足的底气！回顾这三年，我们始终紧紧围绕学校、教师、学生三个核心，开展了大量卓有成效的工作，也取得了很多的成绩。

一、为学校发展定位

在震川小学的首次全体教职工会议上，我做了《震川小学应是所什么样的学校？》的开学工作报告。会上，我提出了我们的办学目标：把震川小学办成一所"具有震川精神浸润的高品质的基础教育学校"。

学校的发展定位需要符合学校的实际，一是我们的学校拥有一流的硬件设施；二是我们的学校拥有一流的师资队伍；三是社会各界对优质教育的强烈期待。但是，我们也认识到学校生源构成的复杂性，所以这个办学目标是震川小学中长期发展的目标。要实现这一目标，不可能一蹴而就，需要我们花时间、花精力，全校上下共同努力，六载方能成形，十年方见成效。

我们同时制定了第一个三年规划。

---

[1]这是笔者在震川小学第一个三年任期结束述职会议上的讲话。

第一年，定位发展。全校上下通过学习讨论，形成对学校发展定位的共识，同时，在此过程中，逐步探索、实施相关课程，为后续发展奠定坚实的认识基础和物质基础。

第二年，全面启动。根据学校全面发展规划，在第一年铺垫的基础上，全面启动并实施各项学校发展工程。

第三年，初具雏形。希望经过三年的努力，高品质的震川小学初现雏形，各条线工作有序高效，教师成长发展速度较快、层次较高。学生经过两三年的学习，学识与品行普遍有较大提升。"震川精神"逐渐融入校园、融入师生的日常、融入学生家庭。

2019年，我们进行了学校的顶层设计，我们将学校文化主题定位为"追光文化"。其中，"追"为探寻、追求之意；"光"则一语双关，有两层含义：一是指先贤归有光；二是指光明、光亮，代表具有正向价值的人和事。由此，"追光"既指追寻归有光先生的足迹，学习其精神，仰慕其文章，又指不断向光明的、正向的价值迈进。在此基础上，确立了"一训三风"及育人目标。

同时，我们确立了"是学校，也是图书馆"的办学理念，我们既打造震川小学，又打造震川书院，大力推进师生的阅读。2020年1月，"基于'震川文化'的无边界阅读支撑系统的构建研究"被江苏省教科院确立为省级立项重点自筹课题，为学校的特色发展之路提供了有力抓手。

如今，震川六景也已基本建设完成，震川藏书楼、开甫廊、菊窗轩、也是庭、归有光纪念馆、震川园无处不深刻烙印着震川的印记，无处不充满着书香之气，每一景都成为师生向往的地方。2021年，我们进行了"追光震川"校园文化发布仪式，也进行了归有光纪念馆开馆仪式，发展规划从设计到实施，震川小学已渐渐有了"震川精神"和"高品质"的雏形。

二、为教师成长定策

教师之于学校，犹如柱子之于大厦，我深刻认识到教师的重要性。只有优秀的教师，才能教育出优秀的学生，才能办出优质的学校！

2019年上半年，我建议将教师发展作为学校"一号工程"加以推进。我们出台了《震川小学青年教师专业成长培养方案》《震川小学骨干教师发展目标规划》，提出了从思想素质、专业素质、文化素质、创新素质这四个方面全方位培养青年教师。

学校通过校本培训、专业读写促进教师成长，并努力为教师发展搭建各种平台。青年教师"课堂教学大比武""基本功竞赛"均已连续举办了三届，这两项赛事已成为针对震川青年教师的传统赛事，一大批青年教师在其中崭露头角！同时，我们创办了《杏花书屋》，成立了"项脊轩"青年教师读书会。从2020年开始，我们的青年教师开始在市级比赛中频频获奖。现如今，震川一期的部分老师已成为学校的骨干。

2021年，我们全力推动学校"学科专家导师团"的建立，实现全学科、全覆盖。半年来，已显现出积极的效果。接下来，我们还将进一步引入骨干教师，用轮岗置换的方式引入优秀教师，来近距离、全方位提升青年教师的素养。

一个青年教师，要成长、要发展，必要的教育教学技能与方法是首先要习得的。只有掌握了这些技能方法，才能在工作岗位上游刃有余。但是，教育教学方法与技能的习得仅仅是教师发展的第一步，其实教师最重要的成长，应该是思想的成长、理念的成长！因为只有我们拥有了坚定的信念、科学的理论，我们的教育教学之路才有可能走得更长、更远，我们的发展才能更好！

自2020年下半年起，我们的震川论坛一方面继续给予青年教师教育教学方法与技能的指导，另一方面开始进行"思想与理念"层面的探讨。从"我的工作前5年"开始，到关于工作的"三论"，即我们为什么要努力工作？我们的根本工作是什么？我们为学校发展做什么？再到2021年的关于"三好"标准的大讨论，即什么样的学校是一所好学校？什么样的老师是一个好老师？什么样的课是一堂好课？

"思想决定行为"，有怎样的认识，就会有怎样的行为。只有拥有坚定的信念、深刻的认识，我们才会在遇到困惑时不迷茫，才能永远坚持理想，做一名优秀的人民教师！

这三年，大家在震川小学可能比在其他学校要辛苦一些，压力要大一些。我希望，我们过的每一年，都能成为我们生命中重要的一年：我们的思想在这一年有更进一步的提升，我们的业务在这一年有更好的发展，我们积累了更多的经验，培养了更多的学生，交了更多的朋友……我不希望大家虚度光阴，不希望大家一年如一日地过，徒增年龄，而无人生实质性的成长。人生是很丰富多彩的，不同的阶段就要努力去做该做的事。在工作初期，我们就应该全力以赴，尽早胜任工作，并努力在工作中崭露头角，为职业生涯奠定坚实的基础。奋斗是青春最亮丽的底色，我们唯有努力！

三、为学生发展定向

办学的根本目的在于培养人。

2019年9月的开学工作会议上，我做了《我们应该怎样培养震川学子？》的开学工作报告。在报告中，我紧紧围绕学校的育人目标"培育心正情真、笃学崇实、知行合一的现代小公民"，从身心健康、品格培养、学习能力、兴趣才艺等多方面进行了阐述。理想中的震川学子应身心健康、品格高尚、学习出众、书香浓郁、兴趣广泛，同时又有艺术、体育才能，这是我们培养学生的目标。

在这三年的实践中，我们不断丰富育人的内涵。"两全"理念是我到震川之后所提倡的，即学校教育要关注"全体学生"，一个都不能少；同时要关注每一个学生的"全面发展"，一项都不能少。这是基础教育的性质赋予我们的使命。

2021年开始，我对学校的"五育"有了初步思考。春耕节，我思考我们如何利用震川园开展我们的劳动教育。第二届春季运动会，我思考我们需要什么样的体育。我们的《追光文化视域下儿童"心正情真"品格培养的实践研究》申报苏州市品格提升工程，我思考震川的德育；学校的《我们都是后来人》获江苏省朗诵比赛特等奖，大合唱首次参加昆山市比赛获奖，我思考震川的美育；进入期末，我思考震川的智育。

真正的全面育人，必是"五育"并举！

三年一晃而过，在全体震川人的共同努力下，震川小学的第一个三年规划已一步步成为现实，"具有震川精神浸润的高品质的基础教育学校"的框架已初步搭建完成。

本学年初，教育局的卿胜局长给学校发展进行了进一步的定位："震川小学要朝着'特色名校'的目标去努力！"2021年春季，王阳副局长参加完学校的"追光震川"校园文化发布仪式后，在朋友圈推送了这样一条微信："一起来看看这所小学——震川小学，是不是你想象中学校应该有的样子👍👍。"

两位领导对震川小学关怀备至，这其中既有对震川小学前期工作的肯定，也有对学校未来发展的期许！

第二个三年规划，我们要深化内涵发展，紧紧围绕把震川小学办成一所"具有震川精神浸润的高品质的基础教育特色名校"总目标，坚持"两全"理念，坚持德、智、体、美、劳五育并举，打造具有震川特色的高质量的"五育"，力促教育的均衡，实现均衡的教育，全力推进学校的全面发展，全力促进师生的共同成长！

附录

"追光震川"校园文化概述

题记：
　　心里有光，世界便是暖的。

　　震川小学以归有光先生之号命名，其文化必然要在一定程度上反映震川先生的思想。基于此，在充分思考东西方教育理论及传统文化后，学校将文化主题定位为"追光文化"。其中，"追"为探寻、追求之意；"光"则有两层含义：一是指先贤归有光，二是指光明、光亮，代表具有正向价值的人和事。由此，"追光"既指追寻归有光先生的足迹，学习其精神，仰慕其文章；又指不断向光明的、正向的价值迈进。

一、"追光文化"的提出依据

1. 基于学校特色及震川精神

　　昆山开发区震川小学坐落于震川先生的家乡，是国内唯一以明代文学家归有光之号命名的小学。挖掘震川先生的思想资源，以资建设学校文化，是震川小学必然的选择。在建校之初，学校便确定了以震川思想为主题的文化发展方向。归有光先生是一座文化宝库。他不仅是文学家，同时也拥有相当数量的经解思想流存于世。从其文学作品及经解著作中，我们可以发现大量契合教育的思想内容。如其"文者，道之所形"的思想可引申为教育的功能性；其"性灵所出，其道亦高"的理念与尊重天性的教育理念异曲同工；"文章不足关世道，虽工亦无益"的提法则可引申为教育的社会价值；等等。震川先生的上述思想，经过数百年历史的沉淀，至今愈发显得厚重而有光辉。因此，就追寻先贤震川足迹，以资建设学校文化的角度而言，学校选择"追光"的主题应是恰当的。

2. 依于教育理论及传统文化

　　从追寻震川先生足迹的含义出发，"追光文化"可提炼出"文以载道、发乎性情、经世致用"三大内涵；从追求正向价值的含义出发，"追光文化"可总结出"追贤慕德"的内涵。前三大内涵分别反映了教育赓续道义的文化功能、尊重性情的实施原则及讲求实用的社会意义；后者则说明了见贤思齐的学习精神。这四个方面的内涵拥有充分的理论依据。

　　首先，就"文以载道"而言，无论在哪个时代、哪个空间，教育都承担着人文化成、赓续道义的文化功能。《学记》开篇便讲道："君子如欲化民成俗，其必由学乎！""古之王者建国君民，教学为先。"化民成俗，引导社会价值是教育首要的也是最重要的功能。这一点也为西方教育家所公认。美国教育家杜威甚至说："社会的改造要依靠教育的改造。"康德则说："人只有通过教育才能成为一个人。人是教育的产物。"显然，用"文以载道"来说明教育的功能性具有深刻的理论依据。

其次，"发乎性情"体现了尊重天性的施教原则。教育与作文有时具有一定的共通性。提到作文之法，归有光总结说："诗人之作，匪以词豪；性灵所出，其道亦高。"直抒胸臆，因性属文是行文的原则。同理，成功的教育离不开对孩童天性的体察、尊重与顺应。德国教育家第斯多惠曾说："教学的艺术不在于传授本领，而在于激励、唤醒和鼓舞。"无数个生命代表着无数种可能。只有发现每个生命的闪光处，才可能使其绽放出耀眼的光芒。发现并遵循每个孩子的天性，引导其朝正向发展是教育的根本原则。就此，夸美纽斯打了一个形象的比喻："野性难驯的马儿，只要合适地加以训练，是可以成为骏马的。"教育的这一共有原则，为"追光文化"内涵的提出提供了有力的根据。

最后，"经世致用"是教育的重要意义。实现人的社会价值，培育对社会有用的人是教育的重要目标。无论是谁，都不可避免地生活于人类社会中。人的这种社会属性，要求其不仅要具有自然价值，还要充分实现其社会价值。抛却了实用性，教育的意义便会大打折扣。没有一种教育不以推动社会的良性发展为落脚点。实用主义者杜威直接称"教育乃是社会生活延续的工具"。教育的工具性体现了其实用性。

二、"追光文化"的核心内涵

1. 文以载道：赓续师者传道的薪火

震川先生在《雍里先生文集序》中指出："以为文者，道之所形也。道形而为文，其言适与道称……夫道胜，则文不期少而自少；道不胜，则文不期多而自多。"在他看来，文章是道义的载体，缺乏了道义的内容，文章便属多余。这与教育的价值何其相似！《大学》开篇便讲："大学之道，在明明德，在亲民，在止于至善。"《中庸》首句亦讲："天命之谓性，率性之谓道，修道之谓教。道也者，不可须臾离也。"在儒家看来，道是天地万物的本原和运行法则。道赋予人以灵性，赋予社会以正向价值。道表现于人性，则是善；道表现于社会，则是仁、义、礼、智、信等人群关系法则。教的意义在于引导人们发现并保有其天赋的本真善性，在于引导社会依照其应然的规则发展。因此，韩愈在《师说》一文中将"传道"定为师者的第一义务。基于以上理解，我们将"载道"视为教育的首要任务，并将其写入"追光文化"中来。

2. 发乎性情：发现每个生命的光亮

发乎性情，以诚属文是震川先生写作的原则。他在许多文章中指出了性情与诚的重要性。如他在《答俞质甫书》中说写文章应"出于意之所诚……非特求绘藻之工为文章。"在《冯会东墓志铭》中说道："诗人之作，匪以词豪；性灵所出，其道亦高。"在《蒹葭集序》中又说道："其词无所蹈袭而出于胸臆，动得天趣，而一时之事亦可考焉。"显然，"道""性灵""诚""胸臆""天趣"成为其写作的重要依据。震川先生何以如此注重以上概念呢？在传统文化看来，天赋的灵性是生命发展最根本的依据。如果灵性受到遮蔽，则会出现以心役物，或为物所役的状况。这种状况一旦出现，人对自己、对世界的认识便不再真实，其人生也将偏离应有的轨道。因此，无论是写作，还是为人，最重要的是对本真灵性的坚守与抒发。教育亦然。尊重天性、遵循天性、抒发灵性的教育原则，已成为共识。那种将人视作机器的工具理性已渐式微。回到生命本身，还人以本来的样子，再次回到教育界的视野中来。近年来，生态教育、绿色教育、生命教育等一系列教育理论，无不肯定这一原则。每个生命都有其特点，每种人生都可能精彩。教育要给每个生命自由舒展的空间，让每个生命有美丽绽放的可能。因此，尊重性情，发现并呵护每个生命的闪光点，成为"追光文化"的第二内涵。

3. 经世致用：照亮世界的每个角落

震川先生曾说："文章不足关世教，虽工无益也。如李太伯《袁州学记》议论臣子之分，恳恻切至，读者辄起忠孝之心，谓非文之关世教者乎？王阳明《象祠记》颇有感发人处，可以参看。"（《归震川先生论文章体则》）震川先生一生都在践行经世致用的理想。当不得其位时，先生退以修身，讲学乡里，以化民俗；当立于朝堂时，先生考察水利，关心抗倭之事。他无时无刻不在践行其有功于世的价值。我们可将先生的这一精神引入学校文化中来。我们倡导每一位师生关注并实现自己的社会价值，将自我生命的光亮，汇聚到人类群体的大光明中，以照亮世界的每个角落。

4. 追贤慕德：追寻耀眼的贤者之光

"追光"者，追求光亮也。孔子有言："三人行，必有我师焉。"又曰："见贤思齐。"一个人若想进步，必然要善于发现并学习他人的长处。如若骄傲自大、固步自封，终难有大的发展。故《学记》讲："独学而无友，则孤陋而寡闻。"学习者要主动追寻他者的闪光点。就这一点而言，震川先生可谓典范。在修身上，他潜心钻研孔子、朱熹、王阳明等圣贤的著作，提出要以圣人们为榜样。在文学上，他反复揣摩《战国策》《史记》等经典著作，学习其写作笔法。在其文章中，我们常能发现其得之于古人的写作手法。追慕震川先生的这一精神，创造一种互赏互学、互励互警的校园环境，是"追光文化"的题中之义。

总而言之，"文以载道"体现了教育的功能，"发乎性情"体现了教育的内涵，"经世致用"体现了教育的重要意义，"追贤慕德"体现了自我完善的方式方法。这四者构成了一个有体有用的文化系统，反映了学校的教育理念与"追光文化"的核心内涵。（附图1）

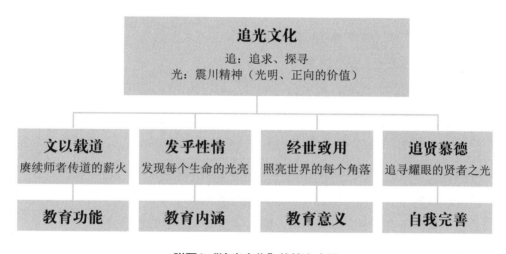

附图1 "追光文化"的核心内涵

三、"追光文化"的理念系统

1. 校训：追贤慕德，有光于心

追贤慕德有两个方面的指向，一是古今的大贤大德之人，二是身边的优秀师友。追贤慕德的前提是有发现贤者、有德者的眼光，而虚心则是发现他人优点的前置条件。因此，追贤慕德是指以真诚的态度发现并学习他人的优点，以实现自己的成长。

有光于心是指心中时时保有温暖向上的光。因为温暖，方能感受世界的温情；因为向上，方能进步不止；因为有光于心，方能永恒地保有不熄的正能量。此外，有光是震川先生之名，将其置于校训中也是为了表达对先生的敬仰之情。

2. 校风：质朴质真，思贤思齐

质朴质真是震川先生文风最大的特点。文如其人，它所反映的是震川先生的人生态度。他曾说："以文为文，莫若以质为文。质之所为生文者无尽也。"质是指真实的样子。它是人的基本色调。质的丢失，意味着虚假。因此，我们倡导师生保有自己的人性之真，做真人、求真知。

思贤思齐是追贤慕德在校风层面的展开。它是指校园内善于欣赏、发现并相互学习的风气。这样的风气导向的是崇学、崇善、互学、互敬、互赏的学习生态。

示例1：

"文太美则饰，太华则浮。浮饰相与，敝之极也。……以文为文，莫若以质为文。质之所为生文者无尽也。"（《庄氏二子字说》）

"余少时有志于古豪杰之士，常欲黾勉以立一世之功。"（《碧岩戴翁七十寿序》）

"盖古昔君子，爱其国家，不独尽瘁其躬而已；至于其后，犹冀其世世享德而宣力于无穷也。"（《杏花书屋记》）

3. 教风：正心正行，博学博喻

正心正行是指时时关照、检省自己的内心与行为，确立并遵循正确的价值观。己心己行，一有不善，立则改之。这样方能真正做到学高为师，身正为范。

博学博喻有两层含义：一是指广泛学习，充分汲取各类知识；二是指善于启发，掌握各类教学方法。前者为博学，后者为博喻。要给学生一杯水，教师先要有一桶水。只有具有充足的知识储备，才能在教学中做到游刃有余。另外，教学是讲求方法的活动。教师在教育中应体察学情，根据学情采取相应的教学方法。

示例2：

"所谓德者，必其资性之纯，而心术之正。是故其气刚以毅，出于正直，而必不至于佞，其心宽以恕，出于忠厚，而必不至于薄。如此可谓有其德矣。"（《士立朝以正直忠厚为本》）

"古之圣贤，论出处之义，归于自洁其身。"（《与林侍郎书》）

"博考古人之书，自圣人之经，以至于诸子百氏之说，古今治乱之故，无不尽其心，则所以为辅相者具矣。"（《泰伯至德》）

"先生儒者，曾尽读五千四十八卷之经藏，精求第一义谛，至欲尽废其书。"（钱谦益《新刊震川先生文集序》）

"君子知至学之难易，而知其美恶，然后能博喻，能博喻，然后能为师。"（《学记》）

4. 学风：自主自得，实学实用

自主自得首先是指学习的自主性，其次是指学有所得。自主性是指学习者对学习情况有充分而准确的认知，能独立制订学习计划，拥有学习的主动性与自觉性。自主是持续学习的基础。自得是指学习者在学习中能知与心合，能用心体会所学内容，于所学知识心有冥契。在自得中，学习者得以与知识、与作者实现心灵的对话，实现知识由外到内的转化。

实学实用是指求实学，学以致用。实学一是指内容，二是指学习态度。就内容而言，学习者要善于选择真正有价值的内容来学习；就态度而言，学习者应以学有所得为原则，而非徒慕虚华，将学问作为装饰自己的东西。实用即学以致用。学习者应善于活学活用。只有将知与行合一，知识才能真正成为自己的东西。

示例3：

"愿诸君相与悉心研究，毋事口耳剽窃。以吾心之理而会书之意，以书之旨而证吾心之理，则本原洞然，意趣融液。"（《示徐生书》）

"盖道根诸心，心所自有，奚庸之他！故求道于有者，求诸心之谓也。"（《忠恕违道不远》）

"道之在天下，易简而已。圣人则从容自中乎道，学者则孳孳修复乎此，均之尽乎心而已，所谓充拓得去。"（《答顾伯刚书》）

"疏之则通，拭之则明，矫之则直，砥励之则精密，培养之则成遂。夫物则亦有然也，而况于人乎？况于学乎？学也者，以明理也。"（《六音六蔽》）

"予谓文者，道事实而已。其义可述，而言足以为教，是以君子志之。"（《孙君六十寿序》）

5.育人目标：培育心正情真、笃学崇实、知行合一的现代小公民

心正情真——心正是从德的方面来讲。《大学》讲"格物、致知、诚意、正心"，其中，"诚意、正心"是修身的基础。所谓心正，是心和意合于正向的价值规定。情真是不虚假、不造作、不自欺、不欺人，以真诚的态度待己待人。

笃学崇实——笃学是指脚踏实地、勤奋笃敬的学习态度。崇实是指崇实学、尚实用。

知行合一——所知与所学合而为一。知能贯彻于行中，行能以知为指导。

现代小公民——适应现代社会，拥有现代视野，具有公民意识的少年。

6.办学理念：载道明理，唯真唯实，成人成学

载道明理——学校的功能定位。所谓道，即正确的价值观。所谓理，即世理与学理。学校以传承正向的价值认知，引导师生以明世理、习学理为目标，指引师生

学会做人、处世与学习。

唯真唯实——学校的发展思路。无论是工作还是学习，都以求真求实为原则。

成人成学——学校的根本目标。成人是指成就人才，既为学生将来成为善良有用的人打好基础，又引领教师保有真正向善的人格。成学是指成就师生达到一定的学习程度。另外，成人与成学实质上是一件事。学习最根本的目标乃是学以成人。即学习者通过学习，成为正直并有益于社会的人。

四、"追光文化"在校园物态文化建设中的展开

1. 主题设置

震川先生的为学结构，为校园文化的建设提供了很好的启示。震川先生一生的学问可大概分为经学、文学、实学三个方面。经学反映震川先生的道德追求，文学反映先生的学问旨趣，实学反映先生的经世思想。在校园文化布置中，经学代表德育，文学代表智育和美育，实学代表实践。在具体表现方式上，以先生曾讲学的震川书院为参照，采纳其景点设计和命名，寓书院于校园。同时，给学校道路、楼宇命名时，以震川先生作品作为依据。

2. 功能设置

① 建设"追光文化"，传承"震川精神"。通过校建，打造特色学校文化，使师生近距离感受"震川精神"。② 潜移默化，寓教于境。以文化布置陶冶师生精神，使教育无声化。③ 实现校本课程与物态课程的结合。通过文化布置，使校园成为活的课本，让学生真正走入课本、走进知识。（校本课程建设）④ 造就随处阅读的环境。设置多种风格的读书区，使学生随时阅读、处处阅读。

3. 风格选择

以"新中式"风格为主，兼具西式现代风格。一方面，基于"追光文化"的特殊性，在设计上，注意对中式风格的运用；另一方面，结合具体环境，合理采用西式现代风格，以实现设计与具体环境的和谐统一。

4. 设计范围

在"追光文化"的引领下，重点围绕以下几个区域展开：

（1）第一区域：图书馆及底楼大厅。① 秉承以"是学校，也是图书馆"的理念，以"震川书院"为主题，设置项脊轩、世美堂、承志堂等读书区域。② 底楼大厅作为震川书院的外部延伸，设置3~4个主题区域，分别作为静态读书区、读书互动区、阅读展示区等。③ 教工食堂文化布置。（风格与上两项相统一）。

（2）第二区域：行政楼、教学楼及震川纪念馆。① 在行政楼二楼区域开辟震川纪念馆。② 行政楼及教学楼读书空间文化布置。③ 教学楼廊道文化布置。④ 专用教室文化布置。

（3）第三区域：校园景观布置。① 以"校园八景"为主题，建设校园活动、休闲区域文化。可以布置"畏垒亭""野鹤轩""见苓书舍""悠然亭""见南阁"等。② 给楼宇、道路、花园命名并题字。③ 北校门设计。

（4）第四区域：视觉标识系统设计及制作。包括标识、路牌、楼层牌、指示牌、宣传栏等。① 校徽。② 校歌。（歌曲简短，旋律优美，歌词意境佳。可以参照《送别》）③ 学校宣传片。④ 校旗、校服。⑤ 学校信封、便签纸、纸杯、手提袋等。

2019年1月

是学校，也是图书馆
——基于"震川文化"的无边界阅读特色建设方案

震川小学坐落于昆山市樾河北路360号，2018年9月建成并投入使用，占地39635.6平方米，建筑面积41503.8平方米，现有两个年级，学生1172人，教职员工65人。建校之初，学校就以着力打造一所具有震川精神浸润的高品质的基础教育学校为办学目标，把以震川思想为主题的"追光文化"作为学校文化主题，确立"载道明理，唯真唯实、成人成学"的办学理念，努力营造"质朴质真、思贤思齐"的校风，"正心正行、博学博喻"的教风，"自主自得、实学实用"的学风，恪守"追贤慕德，有光于心"的校训，打造具有浓厚文化底蕴的和谐校园。

一、学校特色建设背景情况分析

随着知识经济与信息化时代的到来，阅读已成为现代人生存和发展的重要技能。儿童阅读问题越来越受到国际社会的普遍重视。从20世纪80年代以来，一些发达国家就已经把儿童阅读能力的培养作为儿童发展的重心。在我国，港台地区的"亲子阅读"已经开展了10余年，中国内地近年来也在大力提倡学习型家庭打造。十几年来，国内外研究者们在儿童阅读研究领域进行了丰富而卓有成效的探索。

从学校层面来看，《义务教育语文课程标准（2011年版）》中明确提出，语文课程应注意引导学生多读书、多积累；培养学生具有独立阅读的能力，学会运用多种阅读方法；明确规定背诵优秀诗文240篇（段）；9年课外阅读总量不少于400万字；提倡少做题，多读书，好读书，读好书，读整本的书；要加强课外阅读的指导，开展各种课外阅读活动，创造展示与交流的机会，营造人人爱读书的良好氛围。鉴于这样的认识，许多学校立足自身实际，从儿童阅读实践出发，取得了一定的研究成果。其中，浙江省杭州市凤凰小学《〈阅读探究〉课程的校本开发与实施》、重庆市渝中区中四路小学《"静心阅读"校本课程的构建与实施》、河北省迁安市第一实验小学《主题阅读课程建设的探索与实施》等，对儿童阅读课程校本化进行了有益的尝试与探索。山东省青岛市城阳区"读书无边界"活动、浙江省宁波市四眼碶小学"无边界阅读"活动等，以"无边界"为倡导，丰厚、拓展儿童阅读课程的内涵与外延，为我们提供了许多宝贵意见和科学指导。

但不可否认的是，虽然儿童阅读越来越受到重视，儿童阅读推广的成效还远远不够。在学校范围内，多数教师依旧简单地把阅读看成课内语文学习的补充，家长们也认为学好课本才是最重要的。对于阅读在学生语文学习之外的作用，如情感的发育、学习能力的培养、知识背景的拓宽、文化的自觉认同等，很多人的认识还不够到位。从研究现状来看，儿童阅读研究主要集中在幼儿阶段的早期阅读指导以及中小学阅读教学，较少对整个儿童阶段的阅读教育进行全面系统的研究和总结。许多地方和学校，还是仅仅停留在活动开展的层面，对隐藏在儿童阅读背后的学理层面的探索还不够深入；关于儿童阅读的典型的校本课程开发案例还相对较少；儿童阅读与学校文化建设的联系还不够紧密；对儿童阅读内部各支撑因素的研究尚不够系统与深入。

学校基于"震川文化"的无边界阅读支撑系统的构建，旨在于上述各研究成果的基础上，学习借鉴，消化吸收，关注儿童阅读的广度、深度与效度，进而根据学校文化特点和学生发展实际，从"学校文化建设与儿童阅读""儿童阅读与学科核心素养""走向深度的儿童阅读课程"等要素出发，加强理论创新与实践创新，努力构建适应时代发展的无边界阅读范式，促进学生素养的可持续性发展。

二、我校特色建设内涵阐述

1. "震川文化"

"震川文化"，是对明代散文家归有光思想内涵的挖掘与提炼，主要是指其文学作品及经解著作中大量契合教育的思想内容。震川小学坐落于归有光先生的家乡，是国内唯一以其号命名的小学，挖掘震川先生的思想资源，以资建设学校文化，是我们的必然选择。从追寻震川先生足迹的含义出发，"震川文化"具有"文以载道、发乎性情、经世致用"三大内涵；从追求正向价值的含义出发，"震川文化"可总结出"追贤慕德"的内涵。前三大内涵分别反映了教育赓续道义的文化功能、尊重性情的实施原则及其讲求实用的社会意义；后者则说明了见贤思齐的学习精神。这四者构成了一个有体有用的文化系统，反映了学校的教育理念与"震川文化"的核心价值。

2. 无边界阅读

无边界阅读，是指利用现有学习平台，给学生提供一个可以在任何地点、任何时间，利用手边任何可以获取的机会进行阅读活动的学习环境。其实质是模糊、柔化阅读边界，为学生的阅读提供更为开阔的空间。在此空间里，儿童有更多亲近书籍的机会，有更舒适与安静的阅读环境，更重要的是有更加充足的自主阅读、分享交流的时间。无边界阅读，从人员来说，除了儿童自己之外，还包括学校、家庭、社会等所有具有协助能力的群体；从方式来说，是学校将时间拨给无限制的、自主的阅读活动，包括自主选择阅读、持续默读、广泛阅读以及深度阅读等；从程序来说，是儿童历经"选书—阅读—分享"这样循环往复、螺旋上升的过程。

3. 基于"震川文化"的无边界阅读支撑系统的构建

构建基于"震川文化"的无边界阅读支撑系统，是指导学生无边界阅读的一种行动研究，主要包括"震川文化"的挖掘、提炼及传承的策略研究；无边界阅读内涵及其特征的研究；基于"震川文化"传承的无边界阅读支撑系统的构建研究；等等。在"震川文化"的引领下，确立"是学校，也是图书馆"的建校方向，以"震川书院"为主题，设置项脊轩、世美堂、承志堂等读书区域，寓教于境，实现校本课程与物态课程的结合。拟以"三横"（教师、学生、家长）及"三纵"（阅读、交流、展示）为抓手，组建立体读书网络，搭建交流和展示平台，提升教师的阅读教育实践能力，培养学生的阅读兴趣、阅读习惯和终身学习的能力。

三、我校特色建设主要目标及任务

1. 主要目标

(1)厘清"震川文化"内涵，编制《归有光年谱》《归有光名篇（名段）精选诵读本》各一本。

(2)提炼无边界阅读的基本特征，探索其具体的指导策略，撰写《"无边界阅读"活动课程实施策略》等论文，形成可供借鉴与推广的一般经验。

(3)构建基于"震川文化"的无边界阅读"四大支撑系统"，开发校本课程，编著《无边界阅读：基于"震川文化"的校本课程开发》一书，为学校品牌创设提供具有理论与实践指导意义的书籍。

2. 重点任务

(1)做好"震川文化"的挖掘、提炼及传承的研究。工作要点：①归震川生平简历的研究；②归震川学术思想的研究；③归震川思想精髓对教育启示的研究；④"震川文化"的提炼与传承的策略研究。

(2)做好"无边界阅读"内涵及其特征的研究。工作要点：①儿童阅读现状的调查研究；②儿童阅读存在问题梳理的研究；③无边界阅读内涵及其价值的研究；④无边界阅读的特征研究。

(3)做好基于"震川文化"传承的无边界阅读支撑系统的构建研究。工作要点：①基于"震川文化"传承的无边界阅读环境系统的构建研究；②基于"震川文化"传承的无边界阅读指导系统的构建研究；③基于"震川文化"传承的无边界阅读保障系统的构建研究；④基于"震川文化"传承的无边界阅读评价系统的构建研究。

四、成果展望

(1)打造"震川书院"品牌,建设在昆山乃至苏州市内具有一定影响力的图书馆式学校,提高办学品位,形成独特的学校风格。

(2)营造全员读书氛围,引导教师、学生、家长参与阅读、热爱阅读,谋求学校、教师、学生更好发展。

(3)关注教师阅读质量,鼓励教师大量阅读,丰富自身内涵、开阔眼界,着力提升文化鉴赏能力,促进教师队伍整体素质的提高。

(4)通过小学六年的培养,使震川小学的孩子都能爱上阅读、爱上写作,养成良好的读写习惯,涵养文雅气质,为其终身学习打下良好的基础。

(5)在校内形成良好的阅读氛围的同时,吸引更多关心儿童成长的家长、社会人士加入阅读推广队伍,为全民阅读助力。

(6)不断总结、提升,努力达成活动序列化,能具有一定影响力,搜集、整理、汇编师生作品集(文字、声音、影像等),并进行推广宣传。

(7)以阅读指导课为突破口,确定统一教学内容、教学时间,开发具有震川小学自身特色的阅读校本课程及个人微课程并认真加以实施。

(8)不断总结、反思、改进、提升,加强对书香校园建设的理性认识,结合学校特色建设工作实际,形成具有一定借鉴与推广意义的理论成果。

2019年9月

跋

追光路上

1995年，应昆山外向型经济发展需要，我受命筹建昆山国际学校，学校于1996年9月正式建成启用。

昆山国际学校是一所高起点的公建民办学校，学校拥有一流的硬件设施，我也开始到处寻觅组建一流的师资队伍。昆山本地的优秀骨干教师、江苏省内外的名优教师，以及优秀的师范毕业生构成了国际学校最初的理想师资。实践证明，这批优秀教师为昆山国际学校的发展贡献了巨大力量，同时在昆山国际学校这块沃土上，他们也获得了飞速成长。

蒯红良老师便是这其中优秀师范毕业生的代表之一。

1998年，蒯红良毕业于江苏省新苏师范学校首届五年一贯制大专班，既是学生会主席，也是学生党员，我一眼便看中了这个年轻人。而他从在国际学校实习到选择加入这所昆山开发区新创办的学校，我想可能是因为高起点的学校有光可追，更加有利于年轻人的成长。

果不其然，工作以后，他开始逐渐展现出他的智慧与能力。

他勤奋踏实。国际学校办学初期，大家的工作量都很大，有教两个班语文带班主任的，也有跨学科教学的。蒯红良当时教数学，同时擅长计算机，于是我找他谈话，想让他专职教计算机，他说："闵校长，我两门学科都带着，没事的！"忙的时候，他还帮着文印室打印资料。同事们上公开课、外出赛课，他也总是不辞辛劳地帮大家做课件。外出赛课，为使参赛老师放心，保障上课效果，他有时也会跟着去，忙前忙后，毫无怨言。

两三年后，他开始在课堂教学上崭露头角。从校级青年教师赛课一等奖，到昆山市青年教师赛课一等奖，再到苏州市青年教师赛课一等奖，一路所向披靡。当时我觉得他是可以培养的，时任昆山市数学教研员的顾建芳老师也与我意见相仿。随后，学校在多个重要活动中让他从事公开教学工作，他均完成得十分出色。那一阶段，是蒯红良成长最为迅速的一阶段。他也陆续被评为昆山市教学能手、学科带头人等。

如果说，仅仅在课堂教学的实践中不断进步，那显然还不够全面，难能可贵的是，蒯红良还善于反思。他的文章常见诸杂志、报纸，尤其是教育教学类论文。有一年，他连续在省级以上杂志发表了10余篇教学论文，当他拿着崭新的杂志与我们分享他的快乐时，我们都替他感到高兴！

2001年，学校不断发展，需要扩充中层岗位。时任小学部校长的顾培新提议由蒯红良来担任学校教技室副主任，我欣然同意。2003年，我在校长办公会议上提议由蒯红良来担任校长办公室副主任，全体成员一致赞成。

从此，我与蒯红良的互动也更加频繁。我越来越发现他的聪明勤奋、善于反思和敢于创新，那都是一些可贵的品质。

那一年，学校小学部和初中部同时创建江苏省实验小学和江苏省示范初中，我让他起草创建江苏省实验小学的主报告。他把报告的标题拟定为《在希望的田野上》，与刚起步不久的国际学校十分吻合，他把学校的各项工作都有序地呈现于主报告中，让我第一次看到了他对文稿的统筹能力。而后每学期的开学工作报告、学期结束工作报告，我都嘱咐他来起草。他总是提前几天跟我请教，来探寻和了解我的工作思路、想法和措施，认真细致地记录着。过不了几天，他就会来交稿，稿件必是工工整整的，标题是他拟的，小标题也前后对应，我所说的工作意见一样不落地全部整合其中。除此之外，我还常常能看到他的一些独到的意见与想法。我知道，他也在和我一起不断思考着国际学校的发展与未来。起初，我还提出一些修改意见；到后来，他的稿子几乎与我所想所思一致。他成熟起来了！

2006年1月，由于工作调动，我离开了工作了10年的昆山国际学校。我先后到昆山开发区城乡事业局、昆山市委党校、市体育局、市文体广旅局、周市镇人大工作。虽然相隔远了，但蒯红良还是时常来看我。

2006年上半年，开发区城乡事业局拟提拔一位办公室主任，我将蒯红良推荐了上去，一切皆妥，但后来学校发生了维权事件，导致此事搁浅，甚是可惜。2009年1月，在昆山市召开"两会"期间，学校再次发生维权事件，影响甚广。

2009年8月，学校领导班子调整，蒯红良被任命为昆山国际学校小学部校长。受命于危难，他如履薄冰，那个阶段他到处请教、学习治校之方，我这边也来得不少。他说自己常常夜不能寐，可见压力之大。可喜的是，在他的带领下，小学部在那几年中迎来了飞速发展，六年级学业水平测试连续几年名列前茅，综合考评也稳居优秀之列。家长对学校的认同度越来越高，国际学校的口碑也越来越好。

2013年，蒯红良的第一本专著《我这样当校长》正式出版。我拿到书稿，一口气读完，被其用心治校深深感动，也相当佩服。"办学的根本目的有二：一为学生健康成长，二为教师不断发展。"教学管理有效科学，有创新意识，字里行间关注的全是学生与教师，这样怎么会办不好学校？

2014年8月，蒯红良开始担任国际学校总校长，他的担子更重了。他对我说："你是昆山国际学校的创办人、首任校长，昆山国际学校的绝大部分老师都是你招进来的，你无论是对学校还是对老师都是充满着感情的。"他恳请我为国际学校的发展出谋划策。他列举了昆山国际学校当时面临的几大难题：一是学校尤其是初中部教学质量的提升问题；二是教师退休后的待遇问题；三是学校资金短缺的问题；四是学校硬件设施破损严重的问题。每一个问题确实都是一道难解之题。

现在我们回过头来看，当时的这四大难题，在蒯校长调离昆山国际学校之时，均已得到了较好的解决或已有了解决的方案。2015年中考状元的诞生，以及后续若干年中考质量的提升，至2018年学校的排名稳居前三，对昆山国际学校的整体办学声誉起到了关键性作用。教师退休的年金方案在当时也已获昆山开发区管委会的批复，如今已经实施。昆山开发区财政开始对学校进行投入支持。同时，学校的改扩建工程已开始动工，现已发展至第三期。

在昆山国际学校工作的这20年，他一路都在追光，努力充实自己；也在持续发光，不断地照亮他人。

2018年，蒯红良校长因工作关系调离昆山国际学校。他跟我说："我想到一所新小学，我想在那里去实现我们的教育理想！"这所新小学就是现在的震川小学。

在他的号召下，一批"老国际"从四面八方赶来，也吸引了一批优秀青年教师，他们要在这里办理想的教育，实现心中的教育理想！于是，"是学校，也是图书馆"的办学理念诞生了，"追光震川"校园主题文化也确定了，震川六景也在两三年里陆续建设完成。蒯红良校长多次邀请我去学校指导工作，同时看看老同事们，我总是毫不推辞。2021年3月，归有光纪念馆落成前夕，我带领周市镇全体小学校长去震川小学交流学习，大家都为震川小学的办学品位与办学特色所折服！蒯红良校长当日写了一篇随笔，他说："'震川精神的浸润'与'高品质'是震川小学始终追求的目标。'震川精神'的浸润先是物化层面的，然后才是精神层面的；而精神层面的'震川精神'就是高品质的重要内涵之一。"他告诉我，"高品质"是从国际学校传承过来的！

蒯红良校长一直视我为他的导师。如果说在国际学校阶段，或是在他任校长的起步阶段我对他有重要影响的话，那么无疑，到了震川小学，他是在按他对教育的理解进行理想化的办学。我想，他当初从国际学校离开时是可以有更好的去处的，但他坚持来到一所新学校，在"一张白纸"上描绘教育理想，这何尝不是他对教育信念的一种追求？

可喜的是，三年来，他与全体震川人一起，正在把这张白纸描绘得五彩斑斓，一所"具有震川精神浸润的高品质的基础教育特色名校"的雏形已具备，相信在蒯红良校长及诸多同事的共同努力下，震川小学一定会办成一所学生喜爱、家长支持、社会认同的优质基础教育学校！

不久前，蒯红良校长拿着《文化立校行与思》的书稿请我写跋，我欣然应允。看了书稿，更是深感蒯校长对工作之执着与不易，他的治校理念也较之前有了很大提升。书稿虽然是以一学年的工作时间顺序来写的，但前后连续起来，我似乎看到了他系统性的治校方略。"追光震川""是学校，也是图书馆""震川五育""工作三问""三好标准""震川六景""方法管理""学生中心论""学生、教师与学校"等相关论述，都处处闪现着他的治校尝试与探索，都处处体现着他的办学理念与思想……

有一次，我很正式地跟蒯红良校长讲："校长办学是一方面，你个人的进步可不能荒废！"他沉思片刻，抬起头跟我说："我志不在个人，现在对个人发展已无任何奢求。唯求震川小学的孩子们能更好地成长，老师们能更好地发展！唯求震川小学越来越好！"

我想，这或许是他的真实想法，"以入世的态度做事，以出世的态度做人"，这何尝不是人生的另一种美好？在教育这条路上一路追光、一路发光，一定会欣赏到"星垂平野阔，月涌大江流"的阔大胜景。

此书是蒯校长关于治校办学的第二部著作。此书的写作体例，恰好对震川小学打造"追光震川"校园文化进行了全景式的呈现，使得我们能够全面了解一所新学校文化立校的全过程。因此，此书对中小学校长及行政人员管校、治校具有很强的借鉴意义。我们期待蒯红良校长有第三部甚至更多的著作问世，并期待他在下一部著作中能全面地呈现他独特的、完整的治校办学理念与思想。

是为跋。

2022年3月10日

闵红伟：
昆山国际学校首任校长。原昆山市体育局局长、市文体广旅局局长、周市镇人大主席。